# महाभारत की कहानियाँ

हरीश शर्मा

ज्ञान गंगा, दिल्ली

प्रकाशक : ज्ञान गंगा, 2/42, अंसारी रोड, दरियागंज, नई दिल्ली–110002
सर्वाधिकार : सुरक्षित / संस्करण : 2026 / मूल्य : पाँच सौ रुपए
मुद्रक : नरुला प्रिंटर्स, दिल्ली ISBN 978-93-82901-63-1

**MAHABHARAT KI KAHANIYAN**

*by* Shri Harish Sharma ₹ 500.00

Published by **GYAN GANGA**

2/42, Ansari Road, Daryaganj, New Delhi-110002

# विषय-सूची

# महर्षि वेदव्यास

पराशर ऋषि तीर्थ करते हुए यमुना-तट पर आए और एक मछुए से नदी पार पहुँचाने का निवेदन किया। मछुए ने अपनी पुत्री मत्स्यगंधा को ऋषि को नदी पार पहुँचाने के लिए कहा।

मत्स्यगंधा ऋषि को नदी पार कराने लगी। एकाएक ऋषि की दृष्टि उस लड़की पर पड़ी तो दैववश उनके मन में काम जाग उठा। उन्होंने अपने मन की बात उसके सामने रखी। मत्स्यगंधा ने सोचा, 'यदि मैंने ऋषि की इच्छा का अनादर किया तो ये मुझे शाप दे सकते हैं।' अतः उसने चतुराई से कहा, ''ऋषिवर! मैं तो मछली की दुर्गंधवाली हूँ। मुझे देखकर आपके मन में यह काम-भाव कैसे उत्पन्न हो गया?''

ऋषि चुप रहे।

तब मत्स्यगंधा ने कहा, ''ऋषिवर! मैं दुर्गंधा हूँ। दोनों समान रूपवान् हों, तभी पूर्ण सुख मिलता है।''

तब पराशर ने तपोबल से मत्स्यगंधा को कस्तूरी की सुगंधवाली (योजनगंधा) बना दिया और उसका नामकरण 'सत्यवती' कर दिया। अब सत्यवती ने कहा कि अभी दिन है, तो ऋषि ने कुहरा उत्पन्न कर दिया, जिससे वहाँ अँधेरा छा गया।

तब सत्यवती ने प्रार्थना की, "विप्रवर! मैं कुँवारी हूँ। इस प्रकार तो मेरा जीवन नष्ट हो जाएगा।"

पराशर बोले, "चिंता त्याग दो सुंदरी, तुम कन्या ही बनी रहोगी। और जो चाहो, वर माँग लो।"

सत्यवती बोली, "मेरे माता-पिता इस रहस्य को न जान सकें। मेरा कौमार्य भंग न हो। यह सुगंध सदा बनी रहे। मैं सदा नवयुवती रहूँ और मेरे एक तेजस्वी पुत्र उत्पन्न हो।"

पराशर ने उसकी सभी इच्छाएँ पूरी कीं और अपनी इच्छा पूरी करके चले गए। कालांतर में सत्यवती ने यमुना में विकसित हुए एक छोटे से द्वीप पर एक पुत्र को जन्म दिया। श्याम वर्ण होने के कारण उनका नाम 'कृष्ण' रखा गया तथा द्वीप पर जन्म लेने के कारण उन्हें 'कृष्ण द्वैपायन' कहा जाने लगा।

युवा होने पर कृष्ण द्वैपायन तपस्या में लीन हो गए और द्वापर युग के अंतिम चरण में वेदों का संपादन करने में जुट गए। वेदों का विस्तार करने से ही उनका नाम 'वेद व्यास' पड़ गया।

वेदों के संपादन के बाद महर्षि व्यास के मन में एक ऐसे महाकाव्य की रचना करने का विचार उत्पन्न हुआ, जिससे संसार लाभान्वित हो सके। वे ब्रह्माजी के पास मार्गदर्शन हेतु गए।

ब्रह्माजी बोले, "ऋषिश्रेष्ठ! आपका विचार अति उत्तम है। आप गणेशजी से प्रार्थना करें कि वे इस कार्य में आपकी सहायता करें।"

व्यासजी ने भगवान् गणेश की स्तुति की और उनसे अपने ग्रंथ के लिपिक बनने की प्रार्थना की।

गणेशजी बोले, "ऋषिवर! मुझे आपका प्रस्ताव स्वीकार है। किंतु याद रखें, मेरी लेखनी एक क्षण के लिए भी रुकनी नहीं चाहिए।"

व्यासजी बोले, "ऐसा ही होगा, भगवन्! परंतु आप भी कोई श्लोक तब तक नहीं लिखेंगे जब तक उसका अर्थ न समझ लें।"

गणेशजी ने शर्त स्वीकार कर ली।

इस प्रकार महर्षि व्यास ने 'जय' नामक एक ऐतिहासिक काव्य ग्रंथ लिखा, जिसे वैशंपायन ऋषि ने कुछ बढ़ाकर उसका नाम 'भारत' रखा। तदनंतर रोमहर्षण के पुत्र उग्रश्रवा ने इसमें और कथाएँ जोड़ दीं तथा 'महाभारत' की रचना संपन्न हुई।

□

# दुष्यंत और शकुंतला

विश्वामित्र कठोर तपस्या कर रहे थे। यह देखकर इंद्र चिंतित हो उठे कि वे कहीं मेरा सिंहासन न छीन लें। अतः उन्होंने अप्सरा मेनका को उनकी तपस्या भंग करने भेजा।

मेनका ने सौंदर्य का जाल फैलाकर विश्वामित्र को मोहित कर दिया। वे तपस्या छोड़कर गृहस्थ जीवन बिताने लगे।

कुछ दिनों बाद मेनका ने एक सुंदर कन्या को जन्म दिया और उसे एक नदी के तट पर छोड़कर स्वर्ग लौट गई। पास ही कण्व ऋषि का आश्रम था। वे कन्या को अपने आश्रम में ले आए और धर्म-पुत्री के रूप में उसका पालन-पोषण करने लगे। उन्होंने उसका नाम 'शकुंतला' रख दिया। इस प्रकार वर्ष-पर-वर्ष बीतते गए।

पुरु के वंश में दुष्यंत नामक एक पराक्रमी राजा हुए। एक दिन मृगया खेलते हुए वे कण्व ऋषि के आश्रम में जा पहुँचे। वहाँ उन्हें एक अत्यंत सुंदर युवती दिखाई दी, जो मृगछौने का पीछा करते हुए उनके पास आ गई थी।

उन्होंने पूछा, "सुंदरी! तुम कौन हो? प्रतीत होता है, तुम क्षत्रिय-वंश में उत्पन्न हुई हो। कृपया अपना परिचय दो।"

युवती बोली, "राजन्! मैं महर्षि विश्वामित्र और अप्सरा मेनका की पुत्री शकुंतला हूँ। मेरी माता ने मुझे जन्म देकर वन में छोड़ दिया था। तभी से महर्षि कण्व मेरा पालन-पोषण कर रहे हैं।"

दुष्यंत बोले, "शकुंतले! तुम्हारे सौंदर्य और गुणों ने मुझे मोहित-सा कर दिया है। मैं तुमसे विवाह करना चाहता हूँ।"

दुष्यंत को देखकर शकुंतला के मन में भी प्रेम का अंकुर फूट गया था। अतएव वह विवाह के लिए सहमत हो गई। तदनंतर दोनों ने गांधर्व विवाह कर लिया। अगले दिन शकुंतला को शीघ्र महल में बुलाने का आश्वासन देकर दुष्यंत वापस लौट गए। दैववश महल में पहुँचते ही वे शकुंतला को भूल गए।

इधर शकुंतला को दुष्यंत की प्रतीक्षा करते हुए अनेक वर्ष बीत गए। इसी बीच शकुंतला ने एक सुंदर बालक को जन्म दिया। महर्षि कण्व ने बालक का नाम 'भरत' रखा और उसे अस्त्र-शस्त्र की शिक्षा देने लगे। भरत अत्यंत पराक्रमी और निडर बालक था। सिंहों के साथ खेलना उसे बहुत प्रिय था। ऐसे तेजस्वी पुत्र को पाकर शकुंतला धन्य हो उठी।

बहुत समय बीत गया था, परंतु दुष्यंत ने अभी तक शकुंतला को अपने पास नहीं बुलाया था। धीरे-धीरे कुछ आश्रमवासी दुष्यंत को लेकर शकुंतला का उपहास उड़ाने लगे। ऐसी स्थिति में उसने पुत्र सहित स्वयं ही दुष्यंत के पास जाने का निश्चय कर लिया। एक दिन महर्षि कण्व का आशीर्वाद लेकर वह भरत को लेकर दुष्यंत के पास जा पहुँची। लेकिन दुष्यंत ने उसे पहचानने से इनकार कर दिया।

निराश शकुंतला जैसे ही वापस जाने के लिए मुड़ी, तभी एक आकाशवाणी हुई—"हे दुष्यंत! तुमने वन में शकुंतला से गांधर्व विवाह किया था। यह तुम्हारी पत्नी और भरत तुम्हारा पुत्र है। धर्म की रक्षा हेतु इन्हें स्वीकार करो।"

आकाशवाणी सुनकर दुष्यंत को सबकुछ याद आ गया। उन्होंने आगे बढ़कर शकुंतला और पुत्र भरत को हृदय से लगा लिया। □

# वसुओं का उद्धार

इक्ष्वाकुवंशी राजा महाभिष को अपने सत्कर्मों के कारण स्वर्ग में स्थान मिला। वे अन्य देवताओं के समान इंद्र की सभा में सम्मिलित होते थे। एक बार इंद्र ने एक महासभा का आयोजन किया, जिसमें उन्होंने विष्णु, शिव तथा ब्रह्माजी सहित अनेक ऋषि-महर्षियों को आमंत्रित किया। इस अवसर पर देवी गंगा भी वहाँ उपस्थित थीं।

सभा को संबोधित करते हुए ब्रह्माजी की दृष्टि महाभिष पर पड़ी। वे उस समय देवी गंगा को एकटक देख रहे थे। गंगा के रूप-सौंदर्य ने उन्हें मोहित कर दिया था। गंगा भी उन्हें देखकर धीरे-धीरे मुसकरा रही थीं।

ब्रह्माजी ने इसे सभा का अपमान समझा और क्रोध से काँपने लगे। उन्होंने उसी समय दोनों को पृथ्वीलोक में जन्म लेने का शाप दे दिया।

शाप के कारण महाभिष ने शांतनु के रूप में हस्तिनापुर के राजा प्रतीप

के घर जन्म लिया। प्रतीप के बाद उन्होंने सिंहासनारूढ़ होकर राज्य का कार्यभार बड़ी कुशलता से सँभाला। उनके राज्य में चारों ओर समृद्धि और वैभव का वास था।

एक बार शांतनु आखेट खेलने वन में गए। एक सिंह का पीछा करते हुए वे गंगा के तट पर जा पहुँचे। वहाँ उनकी भेंट देवी गंगा से हुई। गंगा को देख उनका मन प्रेम की लहरों में डूबने-उतराने लगा। उन्होंने गंगा से विवाह की इच्छा जताई।

गंगा प्रस्ताव स्वीकार करते हुए बोलीं, "राजन्! मैं विवाह को तैयार हूँ। परंतु आपको वचन देना होगा कि विवाह के बाद आप मेरे किसी भी कार्य में विघ्न उत्पन्न नहीं करेंगे और न ही कभी उसके बारे में पूछेंगे। यदि आपने ऐसा किया तो मैं आपको छोड़कर चली जाऊँगी।"

प्रेमपाश में बँधे शांतनु ने गंगा की शर्तें स्वीकार कर उनसे विधिवत् विवाह कर लिया।

विवाह के उपरांत गंगा ने एक-एक कर सात पुत्रों को जन्म देकर उन्हें जल में प्रवाहित कर दिया। यह देखकर शांतनु अत्यंत दुःखी थे, किंतु गंगा को खो देने के विचार से उन्होंने कभी उन्हें नहीं रोका। आठवें पुत्र के जन्म के समय शांतनु का धैर्य टूट गया। उन्होंने गंगा से इस कृत्य का कारण पूछा तथा उस पुत्र को प्रवाहित न करने की प्रार्थना की।

गंगा बोलीं, "राजन्! एक बार द्यौ नामक वसु ने अपने भाइयों के साथ मिलकर महर्षि वसिष्ठ की नंदिनी गाय चुरा ली थी। तब वसिष्ठ ने उन वसुओं को मनुष्य-योनि में जन्म लेने का शाप दे दिया। बाद में वसुओं की क्षमा-याचना पर उन्होंने कहा कि द्यौ के अतिरिक्त सभी वसु जन्म लेते ही मनुष्य-योनि से मुक्त हो जाएँगे। राजन्! आपके पुत्र वसु ही थे। जल में प्रवाहित करके मैंने उनका उद्धार किया है। आपका यह आठवाँ पुत्र द्यौ नामक वसु है, जिसे शापवश अनेक वर्षों तक जीवित रहकर अनेक दुःख उठाने पड़ेंगे। राजन्! आपने शर्तों का उल्लंघन किया है, इसलिए अब मुझे जाने की आज्ञा दीजिए। उचित समय आने पर मैं आपके पुत्र को लौटा दूँगी।"

शांतनु ने गंगा को रोकने का बहुत प्रयास किया, किंतु वे पुत्र को लेकर वहाँ से चली गईं।

धीरे-धीरे अनेक वर्ष बीत गए। एक दिन शांतनु ने गंगा-तट पर एक युवक को देखा, जिसने अपने बाणों से जल के वेग को रोक दिया था। यह देखकर शांतनु अत्यंत विस्मित हो गए। उन्होंने युवक से उसका परिचय पूछा। तभी वहाँ गंगा प्रकट हुईं। उन्होंने शांतनु से कहा, ''राजन्! यह आपका पुत्र देवव्रत है। इसे स्वीकार करें।''

पुत्र को पाकर शांतनु अत्यंत प्रसन्न हुए। हस्तिनापुर लौटकर उन्होंने देवव्रत को युवराज घोषित कर दिया।

□

# मत्स्यगंधा और मत्स्य-नरेश

एक बार अद्रिका नामक अप्सरा भ्रमण करते हुए यमुना नदी के तट पर निकल आई। वहाँ एक तेजस्वी ऋषि सूर्य को जल अर्पित कर रहे थे। उन्हें देखकर अद्रिका का मन चंचल हो गया। उसने मछली का रूप धारण किया और ऋषि का ध्यान अपनी ओर आकर्षित करने के लिए उनके कार्य में बार-बार विघ्न उत्पन्न करने लगी। ऋषि तपोबल द्वारा समझ गए कि यह अद्रिका नामक अप्सरा है। उन्होंने उसे वहाँ से चले जाने को कहा। अद्रिका प्रेम-निवेदन करते हुए बोली, ''ऋषिवर! मैं काम-पीड़ित होकर आपके पास आई हूँ। कृपया मुझे स्वीकार करें।''

ऋषि बोले, ''अद्रिका! मैंने काम का पूर्णतः त्याग कर दिया है। इसलिए तुम्हारी इच्छा पूर्ण नहीं कर सकता। तुम यहाँ से चली जाओ।''

लेकिन अद्रिका के मन में वही ऋषि बस गए थे। अतएव उसने आगे

बढ़कर ऋषि को स्पर्श कर दिया। अपने व्रत को खंडित होते देख ऋषि क्रोधित हो उठे और उसे शाप देते हुए बोले, "अद्रिका! तुमने जिस रूप को धारण करके यह उद्दंडता की है, अब तुम उसी रूप में रहोगी।"

शापग्रस्त अद्रिका ऋषि के चरणों में गिरकर रोने लगी।

उसका विलाप सुनकर ऋषि का हृदय पिघल गया। वे उसकी मुक्ति का उपाय बताते हुए बोले, "जिस दिन तुम्हारा पेट चीरा जाएगा उस दिन शापमुक्त होकर तुम पुनः अपने लोक में लौट जाओगी।"

इसके बाद ऋषि वहाँ से चले गए और मछली बनी अद्रिका अपनी मुक्ति की प्रतीक्षा करने लगी।

एक बार चेदि देश के राजा उपरिचर शिकार खेलने वन में गए। वहाँ मृग-मृगी के एक जोड़े को प्रेम-क्रीड़ा में संलिप्त देखकर कामवश उनका वीर्य स्खलित हो गया। वह वीर्य वट-पत्र पर गिरा। एक बाज पक्षी उस वट-पत्र को चोंच में दबाकर उड़ गया। वह बाज जब एक नदी के ऊपर से उड़ रहा था, तब वह पत्र उसकी चोंच से छूटकर नीचे नदी में गिर गया। उस पत्र को एक विशालकाय मछली ने निगल लिया। यह मछली अद्रिका नामक अप्सरा थी, जिसे ऋषि ने मछली बनने का शाप दे दिया था।

चूँकि राजा उपरिचर का वीर्य तेजयुक्त था, अतएव मछली को गर्भ ठहर गया। प्रसव के दिनों में वह मछली एक मछुआरे के हाथ लग गई। उसने जब मछली का पेट चीरा तो उसमें से बालक-बालिका का एक जोड़ा निकला। यह देखकर उसके आश्चर्य का ठिकाना न रहा। उसने इसकी सूचना राजा को दी। राजा ने बालक को गोद ले लिया, जबकि कन्या को पुनः मछुआरे को लौटा दिया। चूँकि बालिका के शरीर से मत्स्य की गंध आ रही थी, इसलिए मछुआरे ने उसका नाम 'मत्स्यगंधा' रख दिया। आगे चलकर यही मत्स्यगंधा 'सत्यवती' के नाम से प्रसिद्ध हुई और राजा का पुत्र मत्स्य-नरेश नाम से विख्यात हुआ।

कौमार्य अवस्था में महर्षि पराशर के तेज से सत्यवती ने कृष्ण द्वैपायन यानी वेदव्यास को जन्म दिया था। बाद में सत्यवती का विवाह राजा शांतनु के साथ हुआ। □

# भीष्म-प्रतिज्ञा

राजा शांतनु को शिकार खेलना अत्यंत प्रिय था। एक बार वे शिकार खेलते-खेलते घने वन में जा निकले। उस समय सारथि के अतिरिक्त उनके साथ कोई भी नहीं था। वहाँ उन्हें एक अद्‌भुत सुगंध की अनुभूति हुई। उनका रोम-रोम उस सुगंध से खिल उठा। 'अवश्य यहाँ कोई दिव्य पुष्प है', यह सोचकर वे सुगंध के स्रोत की खोज में चल पड़े।

चलते-चलते वे नदी-तट पर जा पहुँचे। निकट ही एक मछुआरे का घर था। वहाँ शांतनु की भेंट एक युवती से हुई। वह दिव्य सुगंध उसी के शरीर से आ रही थी। युवती के यौवन और सौंदर्य ने शांतनु को मोहित-सा कर दिया। वे उससे विवाह करने को आतुर हो उठे। तभी युवती का पिता मछुआरा आ गया। शांतनु ने अपनी इच्छा मछुआरे को बताई।

कुछ देर सोचने के बाद मछुआरा बोला, ''महाराज! जिस कन्या से

आप विवाह करेंगे उसका जीवन धन्य हो जाएगा। आप जैसा तेजस्वी और पराक्रमी वर मिलना दुर्लभ है। किंतु महाराज! मेरी इच्छा है कि आपके बाद सत्यवती का पुत्र ही सिंहासन पर बैठे। यदि आप यह वचन दें तो मैं इस विवाह के लिए सहमति दे दूँगा।''

शांतनु दुविधा में पड़ गए। वे देवव्रत को युवराज घोषित कर चुके थे। अतएव मछुआरे की शर्त को स्वीकार करना असंभव था। वे निराश होकर हस्तिनापुर लौट आए।

यहाँ उनके मन-मस्तिष्क पर सत्यवती ही छाई हुई थी। उसका सौंदर्य उन्हें बार-बार उद्वेलित कर देता था। उन्हें खाने-पीने की कोई सुध न रही। राज्य के कार्यों में भी उनकी रुचि समाप्त हो गई। वे उदास रहने लगे। उनकी यह दशा देखकर देवव्रत समझ गए कि उनके साथ अवश्य कुछ अप्रिय घटा है। उन्होंने कई बार पिता से हृदय की बात बताने का अनुरोध किया, लेकिन प्रत्येक बार वे टाल जाते।

अंततः एक दिन देवव्रत ने शांतनु के सारथि को बुलाया और बोले, ''सारथि! जिस दिन से महाराज वन से लौटे हैं, बड़े उदास रहते हैं। तुम उनके साथ थे। तुम अवश्य जानते होगे, उनके साथ क्या घटा था? मुझे विस्तार से सारी घटना बताओ।''

सारथि ने उन्हें मछुआरे के घर जाने से लेकर लौटने तक की सारी घटना कह सुनाई।

देवव्रत सारी बात समझ गए और उसी समय मछुआरे के घर जा पहुँचे।

मछुआरे ने पुनः अपनी बात दोहराई।

देवव्रत ने वचन दिया कि सत्यवती से उत्पन्न पुत्र ही हस्तिनापुर के सिंहासन पर विराजमान होगा। मछुआरा पुनः शंकित होकर बोला, ''युवराज! मैं आपके वचन पर कदापि संदेह नहीं कर सकता। किंतु यदि आपके पुत्रों ने हस्तिनापुर के सिंहासन पर अधिकार कर लिया तो उस समय आपका वचन मिथ्या हो जाएगा।''

तब देवव्रत दृढ़ स्वर में बोले, "यदि आपको मेरे पुत्रों से भय है तो मैं प्रतिज्ञा करता हूँ कि मैं आजीवन ब्रह्मचर्य का पालन करते हुए हस्तिनापुर के राजा की आज्ञा का पालन करता रहूँगा।"

मछुआरा संतुष्ट हो गया और उसने सत्यवती को देवव्रत के साथ भेज दिया।

जब शांतनु को सारी बात का पता चला तो उन्होंने देवव्रत को 'इच्छा-मृत्यु' का वरदान दिया। तदनंतर शांतनु और सत्यवती का विधिवत् विवाह हो गया।

भीषण प्रतिज्ञा करने के कारण ही देवव्रत 'भीष्म' के नाम से प्रसिद्ध हुए।

□

# अंबा, अंबिका, अंबालिका

विवाह के बाद सत्यवती ने चित्रांगद और विचित्रवीर्य नामक दो पुत्रों को जन्म दिया। दोनों बालक शांतनु के समान ही निडर और पराक्रमी थे। उनकी शिक्षा-दीक्षा भीष्म की देखरेख में होने लगी। शांतनु की मृत्यु के बाद भीष्म ने हस्तिनापुर के सिंहासन पर चित्रांगद का अभिषेक किया तथा स्वयं राज्य के कार्यों में उसकी सहायता करने लगे।

शांतनु के समान चित्रांगद भी आखेटप्रिय थे। एक बार वे शिकार खेलने गए। वहाँ उन्होंने एक सिंह को बाण मारा। सहसा दूसरी दिशा से एक अन्य बाण आकर सिंह को लगा। यह बाण एक गंधर्व का था, जो उस समय शिकार खेलने आया हुआ था। उस गंधर्व का नाम भी चित्रांगद था।

चित्रांगद और गंधर्व–दोनों ही सिंह को अपना-अपना शिकार बताते हुए एक-दूसरे को युद्ध के लिए ललकारने लगे। देखते-ही-देखते दोनों पक्षों में

भीषण युद्ध छिड़ गया। यह युद्ध कई दिनों तक चलता रहा। अंततः गंधर्व ने चित्रांगद को मार दिया। चित्रांगद की मृत्यु के उपरांत भीष्म ने विचित्रवीर्य का राज्याभिषेक कराया।

अब तक विचित्रवीर्य युवा हो चुका था। सत्यवती को उसके विवाह की चिंता सताने लगी। एक दिन उसने भीष्म से कहा, "वत्स भीष्म! विचित्रवीर्य विवाह योग्य हो चुका है। मैं उसकी संतान का मुँह देखने के लिए तड़प रही हूँ। मेरी इच्छा है कि कोई सुंदर राजकुमारी देखकर अतिशीघ्र उसका विवाह कर दिया जाए। तुम आज ही से इस काम में जुट जाओ।"

माता की आज्ञा शिरोधार्य कर भीष्म ने विचित्रवीर्य के लिए सुंदर राजकुमारी की खोज आरंभ कर दी।

काशी-नरेश इंद्रद्युम्न की अंबा, अंबिका और अंबालिका नामक तीन पुत्रियाँ थीं। तीनों ही अत्यंत सुंदर, सुशील और अनेक गुणों से युक्त थीं। विवाह योग्य होने पर काशी-नरेश ने उनके स्वयंवर का आयोजन किया। भीष्म को इस बारे में पता चला तो वे विचित्रवीर्य की ओर से इस स्वयंवर में सम्मिलित हुए।

उन्हें देख कुछ राजा परिहास करते हुए बोले, "लगता है, वृद्धावस्था में भीष्म का मन डोल गया है, इसलिए बिना बुलाए स्वयंवर में आ गए हैं।"

इस परिहास से भीष्म उत्तेजित हो गए। उन्होंने उसी समय उपस्थित समस्त राजाओं को युद्ध में पराजित कर राजकुमारियों का हरण कर लिया और उन्हें लेकर हस्तिनापुर चल पड़े।

मार्ग में राजा शाल्व ने भीष्म को रोकने का प्रयास किया, किंतु उन्होंने उसे भी धूल चटा दी। शाल्व पराजित होकर लौट गया।

हस्तिनापुर पहुँचकर भीष्म ने विचित्रवीर्य के विवाह की तैयारियाँ आरंभ कर दीं। तब अंबा ने अपने हृदय की बात भीष्म को बताई-"महावीर भीष्म! स्वयंवर से पूर्व मैंने राजा शाल्व को मन-ही-मन अपना पति मान लिया था। इसलिए आप कृपया मुझे उन्हीं के पास पहुँचा दें।"

तब भीष्म ने अंबिका और अंबालिका का विवाह विचित्रवीर्य के साथ

करवा दिया और अंबा को राजा शाल्व के पास पहुँचा दिया गया, किंतु शाल्व ने उसे ग्रहण करने से इनकार कर दिया। हताश होकर अंबा भीष्म से अपने अपमान का बदला लेने के लिए तप करने लगी। शिवजी ने उसे वर दिया कि अगले जन्म में वह भीष्म की मृत्यु का कारण बनेगी। यही अंबा दूसरे जन्म में शिखंडी हुई, जिसके कारण भीष्म मारे गए। □

# श्रीकृष्णावतार

पृथ्वी पर पाप बढ़ते जा रहे थे। कंस, जरासंध, शाल्व, कालयवन आदि राजाओं के अत्याचारों से प्रजा पीड़ित थी। इसके फलस्वरूप चारों ओर दुराचार, असत्य, अधर्म और पाप का साम्राज्य स्थापित था। ऐसी स्थिति में पृथ्वी गाय का रूप धारण करके अन्य देवताओं के साथ श्रीविष्णु की शरण में गई और अपने उद्धार की प्रार्थना की।

तब भगवान् विष्णु उन्हें सांत्वना देते हुए बोले, ''महर्षि कश्यप ने यदुकुल में वसुदेव के नाम से जन्म लिया है। उनका विवाह कंस की बहन देवकी से होगा। तदनंतर देवकी के गर्भ से उत्पन्न होकर मैं पापियों का नाश करूँगा। मेरा यह अवतार 'कृष्ण' के नाम से प्रसिद्ध होगा। शेषनाग बलराम के रूप में जन्म लेकर इस कार्य में मेरी सहायता करेंगे।''

इस प्रकार पृथ्वी सहित सभी देवगण बड़ी उत्सुकता से 'श्रीकृष्णावतार'

की प्रतीक्षा करने लगे।

उन्हीं दिनों मथुरा में राजा उग्रसेन राज्य करते थे। उनका कंस नामक एक पुत्र था। उग्रसेन जितने तपस्वी, दयालु, सहिष्णु और प्रजा-वत्सल राजा थे, कंस उतना ही पापी, दुराचारी और अधर्मी था। उसके अत्याचारों से प्रजा अत्यंत दुःखी थी। उग्रसेन ने कंस को रोकने का प्रयास किया तो उसने उन्हें बंदी बनाकर कारागार में डाल दिया और स्वयं सिंहासन पर विराजमान हो गया। कंस की देवकी नामक एक चचेरी बहन थी। वह उससे बहुत प्रेम करता था। देवकी की इच्छा जानकर उसने उसका विवाह राजा शूरसेन के पुत्र वसुदेव के साथ निश्चित कर दिया।

विवाह के उपरांत कंस स्वयं सारथि बनकर देवकी का रथ हाँकने लगा। तभी आकाशवाणी हुई–"कंस! जिस देवकी को तू इतने प्रेम से उसके ससुराल छोड़ने जा रहा है, उसी का आठवाँ पुत्र तेरी मृत्यु का कारण बनेगा।"

आकाशवाणी सुनकर वह भयभीत हो गया। उसने देवकी और वसुदेव को बंदी बनाकर कारागार में डाल दिया और चारों ओर कड़ा पहरा लगा दिया।

कारागार में देवकी ने एक-एक कर छह पुत्रों को जन्म दिया। कंस ने सभी को चट्टान पर पटक-पटककर मार डाला। सातवें पुत्र के रूप में शेषनाग देवकी के गर्भ में पधारे। परंतु दैववश उस गर्भ का तेज वसुदेव की दूसरी पत्नी रोहिणी के उदर में स्थापित हो गया। देवकी का सातवाँ गर्भ गिर जाने से कंस अत्यंत प्रसन्न हुआ। अब वह बड़ी बेचैनी से उसके आठवें पुत्र की प्रतीक्षा करने लगा।

शीघ्र ही कंस की प्रतीक्षा की घड़ी समाप्त हुई। देवकी के गर्भ में भगवान् विष्णु अंश रूप में स्थापित हो गए। उस समय देवकी का तेज इतना बढ़ गया, मानो सूर्यदेव साक्षात् कारागार में आ गए हों। कंस समझ गया कि भगवान् विष्णु जन्म लेने वाले हैं। वह अतिशीघ्र इस भय से मुक्त हो जाना चाहता था। उसने पहरा और कड़ा कर दिया।

भाद्रपद का महीना, कृष्णपक्ष की अष्टमी तिथि, आधी रात का समय, देवकी ने एक दिव्य बालक को जन्म दिया। सहसा आकाशवाणी हुई–

"वसुदेव! तुम इस बालक को गोकुल में यशोदा के पास छोड़ आओ और उसकी कन्या को यहाँ ले आओ।"

तत्पश्चात् सभी पहरेदार बेसुध हो गए और कारागार के द्वार भी स्वतः खुल गए। वसुदेव ने बालक को एक टोकरे में रखा और उसे सिर पर उठाकर गोकुल की ओर चल दिए।

यशोदा ने उसी दिन एक कन्या को जन्म दिया था। वसुदेव ने पुत्र को यशोदा के पास लिटाया और कन्या को लेकर कारागार में लौट आए। कारागार के द्वार पुनः बंद हो गए। इस घटना के बारे में किसी को कुछ पता नहीं चला।

प्रातःकाल कंस को जब पुत्र के स्थान पर कन्या होने की बात पता चली तो वह विस्मित रह गया। फिर इसे विष्णु का छल समझकर वह कारागार में आया और कन्या को चट्टान पर पटकने को हुआ, किंतु वह उसके हाथ से छिटककर आकाश में चली गई और हँसते हुए बोली, "कंस! तेरा नाश करनेवाला जन्म ले चुका है। तू कभी उसका अहित नहीं कर सकेगा।" इसके बाद वह कन्या अदृश्य हो गई।

कंस पुनः चिंतित हो गया।

इधर गोकुल में नंद के घर पुत्र होने की खुशी में उत्सव मनाया जाने लगा। श्याम वर्ण होने के कारण बालक का नाम 'कृष्ण' रखा गया।

□

# सूर्यपुत्र कर्ण

कुंतिभोज यदुवंशी राजा शूरसेन के फुफेरे भाई थे। दोनों में परस्पर बड़ा प्रेम था। कुंतिभोज के विवाह को अनेक वर्ष बीत चुके थे, परंतु संतान का सुख उन्हें अभी तक नहीं मिला था। इसी बात को लेकर वे दिन-रात चिंतित रहते थे। एक बार शूरसेन अपनी पत्नी के साथ कुंतिभोज से मिलने आए। उन्हें उदास देखकर उन्होंने चिंता का कारण पूछा तो वे बोले, ''भ्राताश्री! लगता है, इस जीवन में हमें संतान का सुख प्राप्त नहीं होगा। इतने वर्ष बीत जाने के बाद भी हमारा महल बच्चों की किलकारियाँ सुनने को तरस रहा है। ईश्वर शायद हमारी परीक्षा ले रहा है, जो हमें अभी तक माता-पिता बनने का गौरव प्राप्त नहीं हुआ।''

शूरसेन सांत्वना देते हुए बोले, ''कुंतिभोज! आप निराश न हों। ईश्वर आपकी प्रार्थना अवश्य सुनेगा। आप संतान-सुख से वंचित नहीं रहेंगे। मैं वचन

देता हूँ कि अपनी पहली संतान मैं आपको दे दूँगा।''

शूरसेन की बात सुनकर कुंतिभोज अत्यंत प्रसन्न हुए।

शूरसेन के घर पहली संतान कन्या हुई। उन्होंने उसका नाम 'पृथा' रखा। तत्पश्चात् वचन के अनुसार उन्होंने अपनी पुत्री कुंतिभोज को गोद दे दी। कुंतिभोज ने कन्या का नाम 'पृथा' से बदलकर 'कुंती' कर दिया। इस प्रकार शूरसेन के घर उत्पन्न हुई कन्या कुंतिभोज के घर पलने-बढ़ने लगी। कुंती अत्यंत सुंदर, सुशील और गुणवती कन्या थी। ऐसी भाग्यवान् पुत्री पाकर कुंतिभोज स्वयं को धन्य समझते थे।

एक बार महर्षि दुर्वासा कुंतिभोज से मिलने आए। कुंतिभोज ने उनसे कुछ दिन वहीं विश्राम करने की प्रार्थना की और पुत्री कुंती को उनकी सेवा में लगा दिया।

कुंती की निष्ठापूर्वक सेवा से महर्षि दुर्वासा बहुत प्रसन्न हुए। उन्होंने उसे एक दिव्य मंत्र दिया और कहा, ''पुत्री! इस मंत्र का जाप करके तुम जिस देवता का स्मरण करोगी, वह प्रकट होकर तुम्हें अपने समान एक तेजस्वी पुत्र प्रदान करेगा। यह दिव्य मंत्र देवताओं के लिए भी दुर्लभ है, अतएव इसका प्रयोग सोच-समझकर ही करना।''

कुंती ने मंत्र को भली-भाँति कंठस्थ कर लिया। तदनंतर महर्षि दुर्वासा वहाँ से चले गए।

एक बार कुंती ने खेल-ही-खेल में मंत्र का जाप करके भगवान् सूर्य का आवाहन किया। मंत्र-जप पूर्ण होते ही सूर्यदेव साक्षात् प्रकट हो गए। तेजयुक्त भगवान् सूर्य को देखकर कुंती भय से थरथर काँपते हुए उनसे लौट जाने की प्रार्थना करने लगी।

सूर्यदेव बोले, ''कुंती! तुमने जिस मंत्र का जाप किया है, मैं उससे बँधा हुआ हूँ। उसके नियम के अनुसार तुम्हें एक पुत्र दिए बिना मैं वापस नहीं लौट सकता। लेकिन मैं तुम्हें वरदान देता हूँ कि पुत्र-प्राप्ति के बाद भी तुम्हारा कौमार्य भंग नहीं होगा।''

इसके बाद भगवान् सूर्यदेव ने कुंती को एक दिव्य बालक प्रदान

किया, जो उसके कान से उत्पन्न हुआ था। जन्म से ही इस बालक के शरीर पर दिव्य कुंडल और कवच विद्यमान थे। पुत्र को देख कुंती के हृदय में ममता उमड़ आई। लेकिन फिर लोक-निंदा के भय से उसने उसे एक टोकरी में लिटाकर गंगा में बहा दिया। यह टोकरी अधिरथ नामक एक निस्संतान व्यक्ति को मिली, जो हस्तिनापुर में सारथि का कार्य करता था। उसने बालक का नाम 'वसुषेण' रखा और पुत्र की भाँति उसका लालन-पालन करने लगा। यही बालक आगे चलकर सूर्यपुत्र कर्ण के नाम से प्रसिद्ध हुआ।

□

# कृप और कृपी

महर्षि गौतम के पुत्र शरद्वान् भगवान् परशुराम के समान परम तेजस्वी और तपस्वी होने के साथ-साथ महान् धनुर्धर भी थे। एक बार शरद्वान् के मन में ब्रह्माजी से वरदान प्राप्त करने की इच्छा उत्पन्न हुई और वे कठोर तपस्या में लीन हो गए। उनके तप की कठोरता से तीनों लोक काँप उठे। उनके शरीर से निकलनेवाला तेज देवताओं को भी भयभीत करने लगा। इंद्र भी शरद्वान् की तपस्या से भयभीत थे। उन्हें लगा कि वे वर प्राप्त करके उनका सिंहासन प्राप्त करना चाहते हैं। अतः इंद्र ने उनकी तपस्या भंग करने का निश्चय कर लिया।

इंद्र ने उसी समय जानपदी नामक अप्सरा को आदेश देते हुए कहा, "तुम इसी समय पृथ्वी पर जाकर शरद्वान् ऋषि की तपस्या भंग करो। उन्हें अपने सौंदर्य से इतना मोहित कर दो कि तुम्हारे प्रेम के समक्ष उनका सारा तप-बल खंडित हो जाए।"

आज्ञा पाकर जानपदी शरद्वान् ऋषि के पास गई और उनके समक्ष नाना

क्रीड़ाएँ करने लगी। जानपदी का सौंदर्य और यौवन शरद्वान् को भटकाने के लिए पर्याप्त थे। वे तपस्या छोड़कर काम के अधीन हो गए। इसके फलस्वरूप उनका तेज स्खलित होकर एक पौधे की दो शाखाओं पर गिरा। और फिर देखते-ही-देखते उससे बालक-बालिका का एक जोड़ा उत्पन्न हो गया। तेज-विहीन होने पर शरद्वान् ऋषि को पश्चात्ताप होने लगा। तदनंतर वे काला मृगचर्म और धनुष नवजात शिशुओं के पास रखकर वहाँ से चले गए।

उनके जाने के बाद हस्तिनापुर के राजा शांतनु शिकार खेलते हुए उस ओर आ निकले। उन्होंने जब एक वृक्ष के नीचे दो शिशुओं को लेटे देखा तो हतप्रभ रह गए। तभी उनकी दृष्टि धनुष और मृगचर्म पर पड़ी। वे समझ गए कि ये शिशु ऋषि-संतान हैं। उन्होंने शिशुओं को गोद में उठाया और हस्तिनापुर लौट आए। बालक का नाम 'कृप' एवं बालिका का 'कृपी' रखा गया और वे अपनी संतान के समान ही उनका लालन-पालन करने लगे।

धीरे-धीरे यह बात चारों ओर फैल गई कि राजा शांतनु को वन में नवजात शिशुओं का एक जोड़ा मिला है। शरद्वान् ऋषि ने भी यह बात सुनी। वे जानते थे कि वे शिशु उन्हीं की संतान हैं। बाद में कृप के युवा होने पर उन्होंने उन्हें सारी घटना बताकर गुप्त रूप से धनुर्विद्या सिखा दी थी।

भीष्म पितामह और द्रोणाचार्य के समान कृप भी एक महान् धनुर्धर थे। वे कृपाचार्य के नाम से प्रसिद्ध हुए। कौरव-पांडवों ने कुछ समय तक उनसे अस्त्र-शस्त्र की शिक्षा प्राप्त की थी। कृपाचार्य अपनी बहन कृपी से बहुत प्रेम करते थे। विवाह योग्य होने पर उन्होंने कृपी का विवाह द्रोणाचार्य के साथ कर दिया। परम तेजस्वी द्रोणाचार्य के अंश से कृपी ने अश्वत्थामा जैसे परम वीर योद्धा को जन्म दिया।

महाभारत युद्ध में कौरव पक्ष की ओर से केवल कृपाचार्य और अश्वत्थामा ही जीवित बचे थे।

□

# राक्षसी पूतना

जब से देवकी की कन्या ने भगवान् विष्णु के अवतरित होने की बात कही थी, तभी से कंस चिंतित रहने लगा था। यदि विष्णु ने देवकी के गर्भ से जन्म नहीं लिया तो इस समय वह कहाँ है, यही बात वह समझ नहीं पा रहा था। इस विषय में उसने अपने मंत्रियों से परामर्श किया।

उसका एक अति विश्वासी मंत्री उसे समझाते हुए बोला, ''महाराज, विष्णु बड़ा मायावी है। उसने आपको भ्रमित करने के लिए यह सारी माया रची है। मुझे विश्वास है कि इस समय विष्णु वसुदेव के किसी प्रिय व्यक्ति के घर में ही पल रहा है। आप पता लगवाएँ कि इस समय वसुदेव के किस प्रिय संबंधी के घर में बालक का जन्म हुआ है।''

कंस ने उसी समय दूतों को चारों ओर भेज दिया। कुछ दिनों के बाद एक दूत ने आकर सूचना दी कि जिस रात वसुदेव के घर कन्या का जन्म हुआ, उसी रात गोकुल में वसुदेव के मित्र नंद के घर एक बालक का जन्म हुआ है। वह बालक बड़ा सुंदर और तेजयुक्त है।

कंस समझ गया कि यह वही बालक है जिसकी वह प्रतीक्षा कर रहा

था। चूँकि नंद को गोकुलवासियों के साथ-साथ यदुवंशियों का सहयोग प्राप्त था, इसलिए वह प्रत्यक्ष रूप से कृष्ण का अहित नहीं कर सकता था। अत: उसने युक्ति से काम लेने का निर्णय लिया।

कंस ने पूतना नामक राक्षसी को बुलाया और कृष्ण को मारने का कार्य उसे सौंपते हुए कहा, "पूतना! इस समय गोकुल में नंद के घर मेरा काल बालक रूप में पल रहा है। तुम उसे मारकर मुझे भयमुक्त करो। किंतु ध्यान रहे, इस बात का किसी को पता न चले।"

आज्ञा पाकर पूतना उसी समय गोकुल जा पहुँची। उस समय उसने एक सुंदर स्त्री का रूप धारण कर लिया। गुड़ बेचती हुई वह नंद के घर पहुँची। उस समय अनेक स्त्रियाँ यशोदा को घेरे बैठी थीं। पूतना भी उन स्त्रियों में सम्मिलित हो गई और बात बनाते हुए बोली, "बहन! मैंने सुना है, तुमने भगवान् विष्णु के समान एक सुंदर बालक को जन्म दिया है। मुझे उनके दर्शन नहीं करवाओगी? मैं उसे देखकर स्वयं को धन्य करना चाहती हूँ।"

पूतना की मीठी-मीठी बातें सुनकर यशोदा का हृदय प्रसन्नता से भर उठा। कृष्ण के दर्शन करवाने के लिए वे उसे अंदर ले गईं। पूतना को देखकर कृष्ण खिलखिलाते हुए उसकी गोद में जाने को मचल उठे। पूतना ने कृष्ण को गोद में उठा लिया। तभी किसी कारणवश यशोदा को कक्ष से बाहर जाना पड़ा। उनके जाते ही पूतना कृष्ण को स्तनपान कराने लगी। उस समय उसके स्तनों पर भयंकर विष लगा हुआ था। परंतु कृष्ण पर उस विष का कोई प्रभाव नहीं हुआ। वे दूध के साथ-साथ पूतना के प्राण भी खींचने लगे।

पूतना पीड़ा से तड़पने लगी। उसने कृष्ण को अपने से दूर करने का प्रयास किया; परंतु उन्होंने उसे और जोर से पकड़ लिया। फिर देखते-ही-देखते पूतना अपने वास्तविक रूप में आ गई और चीत्कार करते हुए उसने प्राण त्याग दिए। उसकी भयंकर चीत्कार सुनकर यशोदा सहित सभी स्त्रियाँ कक्ष में आ गईं। उन्होंने जब पूतना को देखा तो भय के मारे काँपने लगीं। यशोदा ने आगे बढ़कर कृष्ण को गोद में उठा लिया।

इस प्रकार कृष्ण ने पूतना को मारकर पापियों का नाश आरंभ किया। □

# द्रोणाचार्य

एक बार महर्षि भरद्वाज स्नान हेतु गंगा के तट पर गए। उस समय वहाँ देवलोक की एक अप्सरा स्नान कर रही थी। अप्सरा के मदमाते यौवन और सौंदर्य को देखकर महर्षि कामग्रस्त हो गए। उनका तेज स्खलित हो गया। उन्होंने उस तेज को पत्रों से बने एक दोने में एकत्रित कर लिया। समय आने पर इस दोने से एक दिव्य बालक का जन्म हुआ। दोने (द्रोण) से उत्पन्न होने के कारण भरद्वाज ने उसका नाम 'द्रोण' रख दिया।

महर्षि भरद्वाज स्वयं द्रोण के शिक्षक बने और उन्हें शास्त्रों के साथ-साथ अस्त्र-शस्त्रों की भी शिक्षा प्रदान की।

युवा होने पर द्रोणाचार्य को योग्य वर जानकर कृपाचार्य ने अपनी बहन कृपी का विवाह उनके साथ कर दिया। सुशील, गुणवती, सुंदर और धर्म-कर्म में रुचि रखनेवाली पत्नी पाकर द्रोणाचार्य अत्यंत प्रसन्न थे। कुछ समय बाद

कृपी ने एक पुत्र को जन्म दिया, जिसका नाम 'अश्वत्थामा' रखा गया। द्रोण अपने परिवार के साथ सुखपूर्वक जीवन व्यतीत कर रहे थे।

एक बार परशुराम अपनी सारी संपदा ब्राह्मणों में दान कर रहे थे। द्रोणाचार्य को जब इस बात का पता चला तो वे भी सहायता के लिए उनके पास जा पहुँचे। परंतु उस समय तक परशुराम अपनी सारी संपदा दान कर चुके थे। वे बोले, "हे द्रोण! तुमने आने में विलंब कर दिया। मैं अपना सबकुछ ब्राह्मणों में बाँट चुका हूँ। तुम्हें देने के लिए मेरे पास अब कुछ नहीं बचा।"

द्रोणाचार्य ने हाथ जोड़कर प्रत्युत्तर दिया, "भगवन्! मैं आपके पास उचित समय पर पहुँच गया हूँ। आपने अभी तक केवल भौतिक संपदा का दान किया है, बौद्धिक संपदा आपके पास यथेष्ट है। भगवन्! आप जैसा श्रेष्ठ धनुर्धर और अस्त्र-शस्त्रों का ज्ञाता संसार में दूसरा कोई नहीं है। मैं दान में आपकी धनुर्विद्या माँगता हूँ। कृपया मुझे अपना समस्त शस्त्र-ज्ञान प्रदान करें।"

द्रोण की मधुर वाणी और बुद्धिमत्ता देखकर परशुराम बहुत प्रसन्न हुए। उन्होंने उन्हें अपना समस्त ज्ञान दान कर दिया। विद्यार्जन के बाद द्रोणाचार्य अपने आश्रम लौट आए।

एक बार पांडव और कौरव बालक गेंद से खेल रहे थे। खेलते-खेलते गेंद निकट के एक कुएँ में जा गिरी। अनेक प्रयत्न करने पर भी उसे कुएँ से निकाला न जा सका। तभी वहाँ द्रोणाचार्य आ पहुँचे। राजकुमारों को कुएँ के पास खड़े देख वे उनके पास गए। राजकुमारों ने उनसे गेंद निकालने की प्रार्थना की।

द्रोणाचार्य ने कुछ सरकंडों को अभिमंत्रित किया और उन्हें एक-एक कर कुएँ में फेंकने लगे। पहला सरकंडा गेंद में जा लगा। शेष सभी सरकंडे एक-दूसरे से जुड़ते चले गए। तत्पश्चात् द्रोणाचार्य ने उन्हें ऊपर खींचकर गेंद बाहर निकाल ली। राजकुमारों के आश्चर्य और हर्ष का ठिकाना न रहा।

महल में लौटने पर पांडवों ने पितामह भीष्म को इस घटना के बारे में बताया। भीष्म समझ गए कि वे परम तेजस्वी द्रोणाचार्य हैं। अगले दिन भीष्म स्वयं द्रोणाचार्य के पास गए और उनसे राजकुमारों को शिक्षा देने की प्रार्थना

की। द्रोणाचार्य इसके लिए सहर्ष तैयार हो गए।

इसके बाद द्रोणाचार्य ने राजकुमारों को शास्त्र और शस्त्रास्त्र की शिक्षा प्रदान की। यद्यपि द्रोणाचार्य राजकुमारों में कोई भेदभाव नहीं करते थे, तथापि उन्हें अर्जुन से विशेष स्नेह था। उन्होंने भीष्म को वचन दिया था कि वे अर्जुन को संसार का सर्वश्रेष्ठ धनुर्धर बनाएँगे। उन्होंने अपने वचन को पूर्ण भी किया। □

# पांडवों का जन्म

राजा शांतनु के पुत्र विचित्रवीर्य का विवाह काशी नरेश की पुत्रियों अंबिका और अंबालिका के साथ हुआ। परंतु संतान उत्पन्न करने से पूर्व ही वे रोगग्रस्त होकर काल का ग्रास बन गए। हस्तिनापुर का सिंहासन पुनः रिक्त हो गया। ऐसी स्थिति में सत्यवती ने भीष्म को अंबिका व अंबालिका से विवाह करके संतान उत्पन्न करने के लिए कहा। किंतु भीष्म प्रतिज्ञा में बँधे हुए थे; उन्होंने विवाह करने से इनकार कर दिया। कौमार्यावस्था में सत्यवती ने महर्षि पराशर के अंश से वेदव्यास नामक पुत्र को जन्म दिया था। भीष्म से परामर्श करके सत्यवती ने वेदव्यास को बुलवा लिया। व्यासजी के अंश से अंबिका व अंबालिका ने धृतराष्ट्र और पांडु नामक पुत्रों को जन्म दिया। इसके अतिरिक्त उन्होंने अंबिका की दासी के गर्भ से विदुर को उत्पन्न किया।

धृतराष्ट्र बचपन से ही अंधे थे। अतएव युवा होने पर हस्तिनापुर के सिंहासन पर पांडु का राज्याभिषेक किया गया। धृतराष्ट्र का विवाह गंधार-नरेश

की पुत्री गांधारी से हुआ, जबकि पांडु की कुंती और माद्री नामक दो रानियाँ थीं। एक बार दिग्विजय के उपरांत हस्तिनापुर का राजकाज धृतराष्ट्र को सौंपकर पांडु अपनी दोनों पत्नियों के साथ वन-भ्रमण के लिए निकल गए। एक घने वन में शिविर लगाकर उन्होंने कुछ दिन वहीं विश्राम करने का निश्चय किया।

एक दिन शिकार खेलते हुए पांडु को प्रेम-क्रीड़ा में रत मृग-मृगी का एक जोड़ा दिखाई दिया। उन्होंने उसी समय बाण चलाकर दोनों को भेद डाला। बाण लगते ही मृग-मृगी ने मनुष्य रूप धारण कर लिया। वास्तव में वह मृग किंदम ऋषि थे, जो अपनी पत्नी के साथ प्रेम-क्रीड़ा में लीन थे। उन्होंने पांडु को शाप देते हुए कहा, ''राजन्! जिस प्रकार तुमने प्रेम में लिप्त जोड़े का वध किया है, उसी प्रकार पत्नी के साथ प्रेम-क्रीड़ा में लिप्त होते ही तुम काल का ग्रास बन जाओगे।''

इसके बाद किंदम ऋषि और उनकी पत्नी ने प्राण त्याग दिए।

ब्रह्म-हत्या से दुःखी होकर पांडु ने हस्तिनापुर का सिंहासन त्यागकर वन में रहने का निश्चय किया। उन्होंने कुंती और माद्री को सारी बात बताकर उन्हें लौट जाने को कहा। परंतु उन्होंने पांडु के बिना हस्तिनापुर लौटने से इनकार कर दिया। अब वे तीनों वन में रहते हुए वनवासी जीवन व्यतीत करने लगे। इस प्रकार अनेक दिन बीत गए।

यद्यपि पांडु अपनी पत्नियों से दूर रहते थे, किंतु संतान की कामना उनके मन में उठती रहती थी। एक दिन कुंती और माद्री के साथ कुटिया के बाहर बैठे वे यही वार्त्तालाप कर रहे थे। तब कुंती ने दुर्वासा ऋषि द्वारा प्रदत्त वरदान के बारे में बताया। वरदान के बारे में जानकर पांडु का उदास चेहरा खिल उठा। उन्होंने उसी समय कुंती को उस मंत्र द्वारा संतान उत्पन्न करने के लिए कहा।

कुंती ने मंत्र का जाप करके सर्वप्रथम धर्मराज का आवाहन किया और उनसे युधिष्ठिर को उत्पन्न किया। तदनंतर उन्होंने पवनदेव और इंद्र से क्रमशः भीम और अर्जुन को जन्म दिया। इसके बाद उन्होंने माद्री को भी मंत्र बता

दिया। माद्री ने अश्विनीकुमारों के अंश से नकुल और सहदेव को उत्पन्न किया। पांडु-पुत्र होने के कारण ये पाँचों बालक 'पांडव' कहलाए।

एक बार माद्री को स्नान करते देख पांडु के मन में काम-भाव उत्पन्न हो गया। परंतु वे जैसे ही उसके साथ रमण को प्रयासरत हुए, शाप के कारण उनकी मृत्यु हो गई। इस घटना से माद्री अत्यंत दुःखी हुई। वह स्वयं को पांडु की मृत्यु का कारण मानने लगी। अतएव कुंती को अपने पुत्र सौंपकर पांडु के साथ सती हो गई। तत्पश्चात् धृतराष्ट्र आकर कुंती और पांडु-पुत्रों को हस्तिनापुर ले गए।

□

# कौरवों का जन्म

गांधार-नरेश की पुत्री गांधारी का विवाह धृतराष्ट्र के साथ हुआ था। गांधारी सुशील, अनेक गुणों से युक्त तथा धार्मिक प्रवृत्ति की थी। एक बार महर्षि वेदव्यास हस्तिनापुर पधारे। गांधारी ने उनका यथेष्ट आदर-सत्कार किया। वे जितने दिन वहाँ रहे, गांधारी स्वयं उनके प्रत्येक कार्य को संपन्न करती रही।

उसकी इस निष्ठापूर्ण सेवा से वेदव्यासजी प्रसन्न हुए। एक दिन उन्होंने कहा, ''गांधारी! पिछले अनेक दिनों से तुम पुत्री की भाँति मेरी सेवा कर रही हो। तुम्हारी जैसी सुशील और निष्ठावान् नारी संसार में बहुत कम हैं। पुत्री! तुम्हारी सेवा से प्रसन्न होकर मैं तुम्हें मनोवांछित वर देना चाहता हूँ। तुम्हारी जो इच्छा हो, निस्संकोच माँग लो।''

गांधारी हाथ जोड़कर बोली, ''ऋषिवर! आप मेरे पिता के समान हैं। आपकी सेवा करना मेरा परम कर्तव्य है। कर्तव्य का कोई पारितोषिक नहीं होता,

इसलिए आपकी संतुष्टि और प्रसन्नता मेरे लिए सबसे बढ़कर हैं। हे तात! कहते हैं, माता बनने के बाद ही नारी का जीवन पूर्ण होता है। अतएव यदि आप कुछ देना ही चाहते हैं तो मुझे माता बनने का आशीर्वाद प्रदान करें।''

''गांधारी! तुम जितनी विनम्र और सहनशील हो उतनी ही सात्त्विक भी। मैं आशीर्वाद देता हूँ कि शीघ्र ही तुम्हें धृतराष्ट्र के समान सौ पराक्रमी पुत्रों तथा एक पुत्री की माता बनने का सौभाग्य प्राप्त होगा।''

आशीर्वाद के फलस्वरूप कुछ ही दिनों में गांधारी गर्भवती हो गई। परंतु दो वर्ष बीत जाने पर भी संतान उत्पन्न नहीं हुई। धीरे-धीरे उसकी बेचैनी बढ़ने लगी। अधिक प्रतीक्षा असहनीय हो गई। वह अपने गर्भ पर प्रहार करने लगी, जिससे उसके उदर से एक विशाल मांस-पिंड बाहर निकल आया। मांस-पिंड देखकर गांधारी विस्मित रह गई। तभी वेदव्यासजी वहाँ आ पहुँचे। उन्होंने मांस-पिंड पर गंगाजल छिड़का। गंगाजल के स्पर्श से वह पिंड एक सौ एक टुकड़ों में विभाजित हो गया।

व्यासजी ने घी से भरे एक सौ एक घड़े मँगवाकर एक-एक पिंड उसमें रखवा दिया। फिर उन घड़ों को एक गुप्त स्थान पर रखा गया और दो वर्ष तक उन्हें न खोलने का आदेश दिया।

दो वर्ष बीतने पर जब प्रथम घड़े को खोला गया तो उसमें से एक बालक उत्पन्न हुआ। वह बालक अत्यंत शक्तिशाली था। उसके जन्म लेते ही आकाश में बिजली कड़कने लगी, पृथ्वी डोलने लगी। धृतराष्ट्र ने उसी समय पुरोहित को बुलाया और इन अपशकुनों का कारण पूछा।

पुरोहित बोले, ''राजन्! इन अपशकुनों का एकमात्र कारण आपका पुत्र है। यह आपके वंश का संहारक सिद्ध होगा, इसलिए आप इसका त्याग कर दें।''

धृतराष्ट्र ने पुरोहित की बात अनसुनी कर दी। यही बालक आगे चलकर दुर्योधन कहलाया और कौरवों के नाश का कारण बना। इस प्रकार वेदव्यासजी के आशीर्वाद के कारण गांधारी को सौ पुत्र और दुःशला नामक एक पुत्री की माता बनने का सौभाग्य प्राप्त हुआ। धृतराष्ट्र के ये सौ पुत्र 'कौरव' कहलाए। □

# गुरुभक्त एकलव्य

भीष्म पितामह के अनुरोध पर आचार्य द्रोण कौरवों और पांडवों को अस्त्र-शस्त्रों की शिक्षा देने लगे। धीरे-धीरे उनकी ख्याति चारों दिशाओं में फैलने लगी। परशुराम और भीष्म के समान महान् धनुर्धर द्रोणाचार्य के अतिरिक्त कोई और नहीं है, यह बात सभी जानते थे। इसलिए सभी राजा अपने पुत्रों को उनके पास शिक्षा दिलवाने के लिए लालायित रहते थे।

एक बार एक भीलकुमार द्रोणाचार्य के पास आया और विनती करते हुए बोला, ''गुरुवर! मेरा नाम एकलव्य है। मैं आपके पास रहकर अस्त्र-शस्त्र की शिक्षा प्राप्त करना चाहता हूँ। कृपया शरण में लेकर मुझे कृतार्थ करें।''

द्रोणाचार्य ने भीलकुमार को देखा और समझाते हुए बोले, ''एकलव्य! मैं तुम्हें शिक्षा नहीं दे सकता। मैं केवल राजकुमारों को ही शिक्षा प्रदान करता हूँ। इसलिए तुम किसी अन्य गुरु के पास चले जाओ।''

"गुरुवर! संसार में आपके समान श्रेष्ठ गुरु दूसरा कोई नहीं है। मैं बड़ी आशा लेकर आपके पास आया हूँ। मेरी हार्दिक इच्छा है कि मैं आपसे अस्त्र-शस्त्र की शिक्षा ग्रहण करूँ। मैं पूरी निष्ठा से आपकी सेवा करूँगा; आप मुझे केवल एक अवसर प्रदान करें।" एकलव्य ने पुन: प्रार्थना की।

द्रोणाचार्य बोले, "एकलव्य! मैं नियमों में बँधा हूँ। मैं तुम्हें राजकुमारों के साथ शिक्षा नहीं दे सकता। उचित यही है कि तुम यहाँ से लौट जाओ।"

निराश एकलव्य वहाँ से चला गया।

इस घटना को हुए कई वर्ष बीत गए। इधर, द्रोणाचार्य का स्नेह अर्जुन के प्रति बढ़ता जा रहा था। एक बार उन्होंने राजकुमारों की परीक्षा लेने के लिए लकड़ी की एक चिड़िया पेड़ पर टाँग दी और उसकी आँख पर निशाना लगाने को कहा। अर्जुन के अतिरिक्त कोई भी कुमार चिड़िया की आँख को नहीं भेद सका। उस दिन द्रोणाचार्य ने निश्चय कर लिया कि वे अर्जुन को संसार का सर्वश्रेष्ठ धनुर्धर बनाएँगे।

एक बार द्रोणाचार्य सभी राजकुमारों को लेकर वन-भ्रमण पर निकले। आश्रम का एक कुत्ता भी उनके साथ था। वह उनसे थोड़ी दूर निकल गया और धनुर्विद्या के अभ्यास में लीन एक बालक पर भौंकने लगा। साधना में विघ्न पड़ते देख बालक ने बाण चलाकर कुत्ते का मुँह बंद कर दिया। कुत्ता दौड़ता हुआ द्रोणाचार्य के पास पहुँच गया।

कुत्ते के मुख को बाणों से भरा देख द्रोणाचार्य के आश्चर्य का ठिकाना न रहा। वे उस श्रेष्ठ धनुर्धर से मिलने को आतुर हो उठे। राजकुमारों को साथ लेकर जब वे उस बालक के पास पहुँचे तो पल भर के लिए उनके पैर स्थिर हो गए। बालक वही एकलव्य था, जिसे उन्होंने शिक्षा देने से मना कर दिया। दूर एक वृक्ष के नीचे उनकी एक प्रतिमा रखी हुई थी। द्रोणाचार्य सारी बात समझ गए। तभी उन्हें अपनी प्रतिज्ञा याद आ गई।

'अर्जुन को संसार का सर्वश्रेष्ठ धनुर्धर बनाना है', यह सोचकर उन्होंने गुरुदक्षिणा में एकलव्य से दाएँ हाथ का अँगूठा माँग लिया।

यह जानते हुए कि अँगूठे के बिना वह कभी धनुष-बाण नहीं चला

पाएगा, एकलव्य ने उसी समय अपना अँगूठा काटकर गुरु को अर्पित कर दिया।

एकलव्य की गुरुभक्ति देखकर द्रोणाचार्य द्रवित हो उठे और आशीर्वाद देते हुए बोले, ''एकलव्य! तुम्हारे समान गुरुभक्त शिष्य संसार में न हुआ है और न कभी होगा। जब तक संसार रहेगा, तुम्हारा नाम अमर रहेगा।''

□

# शापित कर्ण

कर्ण का जन्म कुंती के गर्भ से हुआ था, किंतु उसका लालन-पालन अधिरथ नामक सारथि ने किया था। कर्ण की प्रारंभिक शिक्षा द्रोणाचार्य के पास हुई थी। अर्जुन की तरह वह भी एक श्रेष्ठ धनुर्धर बनना चाहता था। लेकिन द्रोणाचार्य उन दोनों में भेदभाव करते थे। चूँकि उन्हें अर्जुन अधिक प्रिय था, इसलिए वे कर्ण की अनुपस्थिति में अर्जुन को धनुर्विद्या के गुप्त रहस्य समझाते थे। इस भेदभाव से कर्ण का मन उचाट हो गया और उसने आचार्य परशुराम से अस्त्र-विद्या सीखने का निश्चय किया।

परंतु परशुराम केवल ब्राह्मणकुमारों को ही शिक्षा देते थे। कर्ण यह बात जानता था, इसलिए उसने ब्राह्मण-वेश बनाया और परशुराम के पास जाकर अस्त्र-विद्या प्रदान करने की प्रार्थना की। परशुराम उसे ब्राह्मण समझकर शिक्षा प्रदान करने लगे। इस प्रकार अनेक वर्ष बीत गए। कर्ण ने अपनी एकाग्रता, धैर्य

और निष्ठा से आचार्य परशुराम का हृदय जीत लिया। वे कर्ण को शस्त्र-विद्या के सभी गूढ़ रहस्य बताने लगे।

एक बार देवराज इंद्र भ्रमण करते हुए महेंद्र पर्वत के ऊपर से गुजरे। सहसा उनकी दृष्टि ब्राह्मण-वेशधारी कर्ण पर पड़ी। वह उस समय आचार्य परशुराम के पास धनुर्विद्या का अभ्यास कर रहा था। क्षणभर में वे सारी बात समझ गए। चूँकि अर्जुन देवराज इंद्र के अंश से उत्पन्न हुए थे, इसलिए वे उससे बहुत प्रेम करते थे। उन्हें कर्ण और अर्जुन के बीच की प्रतिस्पर्धा के विषय में भी ज्ञात था।

'परशुराम से शिक्षा ग्रहण करके कर्ण कहीं अर्जुन से श्रेष्ठ न हो जाए', यह सोचकर इंद्र चिंतित हो गए। उन्होंने निश्चय कर लिया कि वे आचार्य परशुराम को कर्ण का छल बताकर रहेंगे। तदनंतर वे देवलोक लौट गए और उचित समय की प्रतीक्षा करने लगे।

एक बार परशुराम और कर्ण एक वृक्ष के नीचे बैठे हुए थे। सहसा परशुराम को नींद ने आ घेरा। उन्होंने अपना सिर कर्ण की जंघा पर रखा और सो गए। देवराज इंद्र को यह अवसर उपयुक्त लगा। वे एक कीड़े का रूप धारण करके कर्ण की जंघा पर चढ़ गए और वहाँ काटना आरंभ कर दिया। कर्ण पीड़ा से छटपटा उठा; किंतु गुरु की नींद में विघ्न न पड़े, यह सोचकर वह पीड़ा को चुपचाप सहता रहा।

कुछ समय बाद परशुराम की नींद खुली तो उनकी दृष्टि कर्ण की जंघा की ओर गई। उसका पूरा पैर रक्त से लाल हो गया था। उन्होंने कारण पूछा तो कर्ण ने सारी बात बता दी।

कुछ देर तक आचार्य परशुराम एकटक कर्ण को देखते रहे, फिर क्रोधित होकर बोले, "कर्ण! तुमने मेरे साथ छल किया है। तुम ब्राह्मण नहीं हो सकते, क्योंकि कोई भी ब्राह्मण इतना सहनशील नहीं हो सकता। सच बताओ, तुम कौन हो? जल्दी बताओ, अन्यथा मैं तुम्हें शाप देकर भस्म कर दूँगा!"

कर्ण भयभीत होकर बोला, "गुरुवर! मैं अधिरथ नामक सारथि का पुत्र कर्ण हूँ। आपसे शिक्षा ग्रहण करने के लिए मैंने ब्राह्मण-वेश धारण किया था।

कृपया मेरा यह अपराध क्षमा करें।''

लेकिन परशुराम उसे शाप देते हुए बोले, ''कर्ण! जिस विद्या को तुमने छलपूर्वक सीखा है, आवश्यकता पड़ने पर वह विद्या तुम्हें छल लेगी। तब तुम मेरी दी गई विद्या का प्रयोग नहीं कर सकोगे।''

इसके बाद शापित कर्ण निराश होकर अपने घर लौट आया।

□

# सौ हाथियों का बल

बचपन से ही पांडवों और कौरवों में छोटी-बड़ी बातों को लेकर विवाद उत्पन्न हो जाते थे। युधिष्ठिर सबसे बड़े और समझदार थे। वे अपनी सूझ-बूझ से सभी विवादों को निपटा देते थे और भाइयों में परस्पर प्रेम बनाए रखते थे। परंतु भीम और दुर्योधन के विवादों को निपटाना उनके वश में भी नहीं था। कभी दुर्योधन भीम का भोजन छिपा लेता तो कभी शरारती भीम आम तोड़ने के लिए पेड़ पर चढ़े दुर्योधन को नीचे पटक देते।

दुर्योधन का शकुनि नामक एक मामा था। वह पांडवों से ईर्ष्या करता था। उसने धीरे-धीरे दुर्योधन के मन में भी यह बात बिठा दी थी कि 'हस्तिनापुर का वास्तविक उत्तराधिकारी वही है। पांडव उसके मार्ग की सबसे बड़ी रुकावट हैं। इसलिए यदि उसे सिंहासन पर बैठना है तो सर्वप्रथम पांडवों को मार्ग से हटाना होगा।'

शकुनि की बातें दुर्योधन के मन में गहराई से बैठ चुकी थीं। वह भी

पांडवों को मार्ग से हटाने का अवसर ढूँढ़ने लगा। दुर्योधन सबसे अधिक भीम से चिढ़ता था, अतएव उसने सर्वप्रथम उन्हें ही अपने मार्ग से हटाने की योजना बना डाली। एक दिन उसने यमुना-तट पर भीम को भोजन के लिए आमंत्रित किया।

भोजन का आमंत्रण भला भीम कैसे ठुकरा सकते थे! वे भोजन करने बैठे और देखते-ही-देखते सारा चट कर गए। तदनंतर उन्होंने खीर का पूरा बरतन खाली कर डाला और वहीं एक वृक्ष के नीचे सो गए। भीम इस बात से अनजान थे कि दुर्योधन ने उनके भोजन में भयंकर विष मिला दिया था। धीरे-धीरे विष का प्रभाव आरंभ हुआ। भीम अचेत हो गए। अवसर पाकर दुर्योधन ने अपने भाइयों को बुलाया और उन्हें उठाकर नदी में फेंक दिया।

भीम नदी की तलहटी में जा पहुँचे। वहाँ उन्हें अनगिनत विषैले साँपों ने काट लिया। चूँकि विष को विष काट देता है, इसलिए सर्पों के विष ने भोजन के विष का प्रभाव नष्ट कर दिया। पल भर में भीम सचेत हो गए। इसके बाद उन्होंने सर्पों को पकड़-पकड़कर मारना आरंभ कर दिया। सर्प जान बचाकर वहाँ से भागने लगे। उनका यह तांडव सर्पों के विनाश का कारण बनने लगा।

ऐसी स्थिति में सर्पराज वासुकि वहाँ आए और भीम को शांत करते हुए बोले, "हे वीर बालक! क्रोध का त्याग करो। इसमें इनका कोई दोष नहीं है। तुम्हें यहाँ देखकर स्वभाववश इन्होंने तुम्हें डस लिया था। वत्स! तुम्हारी वीरता से प्रभावित होकर मैं तुम्हें अमृत प्रदान करता हूँ। इसे पीने के बाद संसार में तुम सबसे अधिक शक्तिशाली हो जाओगे।"

तदनंतर वासुकि नाग भीम को अमृतकुंड के पास ले गया। भीम ने एक ही साँस में सारा अमृतकुंड खाली कर दिया। अमृत पीते ही भीम में सौ हाथियों का बल आ गया। वे पहले से अधिक बलशाली हो गए। उन्होंने वासुकि नाग को प्रणाम किया और पुनः तट पर आ गए।

उधर कौरव महल में लौट आए थे; लेकिन उनके साथ भीम को न देखकर युधिष्ठिर का मन अज्ञात भय से ग्रस्त हो गया। उन्होंने मन की बात

माता कुंती को बताई। वे भी अनिष्ट की आशंका से घिर गईं और युधिष्ठिर को साथ लेकर भीम को ढूँढ़ने निकल गईं। मार्ग में भीम आते दिखाई दिए। उन्हें सकुशल देखकर दोनों ने चैन की साँस ली।

भीम ने सारी घटना बताई।

कुंती ने भीम को हृदय से लगा लिया। उन्होंने भीम को सचेत किया कि वे यह बात किसी से न कहें। तदनंतर तीनों महल में लौट आए। भीम को जीवित देखकर दुर्योधन स्तंभित रह गया। उसकी योजना विफल हो गई थी। □

# लाक्षागृह

शिक्षा पूर्ण होने के बाद कौरव और पांडव घर लौट आए थे। इस अवसर पर महाराज धृतराष्ट्र ने एक रंगसभा का आयोजन किया। इसमें प्रजाजन के सम्मुख हस्तिनापुर के राजकुमारों ने अपने युद्ध-कौशल का प्रदर्शन किया। योग्यता में सभी राजकुमार एक से बढ़कर एक थे। ऐसे वीर राजकुमारों को पाकर प्रजा धन्य हो उठी। इस अवसर पर कर्ण ने भी धनुर्विद्या का प्रदर्शन किया। इससे प्रसन्न होकर दुर्योधन ने उसे अंग देश का राजा घोषित कर दिया।

चूँकि धृतराष्ट्र वृद्ध हो चुके थे, इसलिए सभी के मन में यही प्रश्न था कि हस्तिनापुर का युवराज कौन होगा? एक ओर जहाँ भीष्म, विदुर सहित संपूर्ण प्रजा युधिष्ठिर को युवराज के रूप में देखना चाहती थी, वहीं दूसरी ओर धृतराष्ट्र दुर्योधन को युवराज पद पर आसीन करना चाहते थे। उन्होंने अपने मन की बात पितामह भीष्म और विदुर को बताई।

तब विदुर बोले, ''महाराज, नियमानुसार राजा का ज्येष्ठ पुत्र ही सिंहासन का उत्तराधिकारी होता है। चूँकि हस्तिनापुर के वास्तविक राजा पांडु थे, इसलिए युधिष्ठिर ही युवराज पद के योग्य हैं। आप पुत्र-मोह त्यागकर युधिष्ठिर को युवराज घोषित करें।''

जब भीष्म ने भी विदुर की बात का समर्थन किया तो विवश होकर धृतराष्ट्र ने युधिष्ठिर को युवराज घोषित कर दिया। प्रजा अपने प्रिय राजकुमार को युवराज के पद पर आसीन देखकर प्रसन्नता से झूम उठी।

दुर्योधन बचपन से ही स्वयं को हस्तिनापुर के उत्तराधिकारी के रूप में देख रहा था। जब उसने राज्य हाथ से निकलता देखा तो उसके हृदय में पांडवों के लिए ईर्ष्या की ज्वाला और भी तीव्र हो गई। शकुनि और कर्ण के साथ मिलकर उसने पांडवों को मारने का षड्यंत्र रच डाला। पुत्र-मोह से ग्रस्त धृतराष्ट्र ने भी उसके इस दुष्कर्म को मौन स्वीकृति दे दी।

वारणावत नामक स्थान पर प्रतिवर्ष एक भव्य मेले का आयोजन किया जाता था, जिसमें राजा सपरिवार सम्मिलित होता था। दुर्योधन के कहने पर धृतराष्ट्र ने पांडवों और कुंती को मेले में सम्मिलित होने भेजा। इस बीच दुर्योधन ने पुरोचन नामक मंत्री की सहायता से वारणावत में लाक्षा तथा अन्य ज्वलनशील पदार्थों से युक्त एक महल तैयार करवाया। वारणावत पहुँचने पर पांडवों को उसी महल में ठहराया गया।

विदुर जानते थे कि दुर्योधन पांडवों से ईर्ष्या करता है; अवसर पाकर वह उनका अहित करेगा। धृतराष्ट्र के पुत्रप्रेम को भी वे भली-भाँति जानते थे। इसलिए उन्होंने अपने विश्वासपात्रों को दुर्योधन के आस-पास नियुक्त कर रखा था। अतएव उन्हें दुर्योधन के षड्यंत्र का पता चल गया। वारणावत जाते समय उन्होंने पांडवों को सारी बात बता दी और एक विश्वासपात्र सेवक उनके साथ कर दिया।

दुर्योधन की योजना पांडवों को लाख के महल में जलाकर मार डालने की थी। इसके लिए उत्सव का अंतिम दिन निश्चित किया गया। परंतु विदुर के एक सेवक ने दो दिन के अंदर ही महल में एक सुरंग खोद दी, जो

गंगा-तट पर निकलती थी।

निश्चित दिन पूजा-अर्चना से निवृत्त होकर ब्राह्मणों को भोजन करवाया गया। तदनंतर पांडव महल में आ गए। युधिष्ठिर जानते थे कि आज रात पुरोचन महल को आग लगा देगा। अतः उनकी आज्ञा से भीम ने पहले ही महल में आग लगा दी। इसके बाद माता कुंती और भाइयों को लेकर वे सुरंग द्वारा महल से दूर निकल गए।

इधर, आग की चपेट में आते ही महल तिनकों के समान जल उठा। इस आग में पुरोचन भी काल का ग्रास बन गया। उस रात एक ब्राह्मणी अपने पाँच पुत्रों के साथ भोज खाकर महल के प्रांगण में ही सो गई थी। आग ने उन्हें भी लील लिया। प्रातः यह समाचार फैल गया कि कुंती अपने पुत्रों सहित आग में जलकर भस्म हो गई हैं।

दुर्योधन के हर्ष की सीमा न रही। उसके मार्ग के काँटे निकल गए थे।

□

# घटोत्कच का जन्म

लाक्षागृह से निकलकर पांडव गंगा-तट पर पहुँचे। वहाँ एक मल्लाह नाव लिये उनकी प्रतीक्षा कर रहा था। उनके निकट आने पर वह विनीत स्वर में बोला, ''युवराज! विदुरजी ने मुझे आपकी सहायता के लिए भेजा है। आप शीघ्र नाव पर सवार हो जाएँ। मैं आपको नदी-पार पहुँचा देता हूँ। विदुरजी ने कहा था कि आपका इस स्थान पर अधिक देर रहना उचित नहीं है।''

पांडव और कुंती नाव में सवार होकर नदी के दूसरे तट पर उतर गए।

चलते-चलते वे एक घने वन में पहुँचे। थकावट और नींद के कारण सभी शिथिल हो रहे थे, अतएव एक वृक्ष के नीचे सो गए। परंतु भीम की आँखों से नींद कोसों दूर थी। माता और भाइयों को सोते देख उन्हें अपार संतोष हो रहा था। उनकी नींद में विघ्न न पड़े, यही सोचकर वे पहरा देने लगे।

उसी वन में हिडिंब नामक एक राक्षस अपनी बहन हिडिंबा के साथ रहता था। वह अत्यंत भयंकर और शक्तिशाली था। उसने जब मनुष्य की गंध सूँघी तो प्रसन्नता से भरकर बोला, ''हिडिंबा! मुझे मनुष्य-गंध आ रही है।

अवश्य निकट ही कोई मनुष्य है। उसे मारकर मेरे लिए ले आओ। आज बहुत दिनों के बाद मनुष्य का मांस खाने को मिलेगा।''

भाई की इच्छा जानकर हिडिंबा उस स्थान पर पहुँच गई, जहाँ पांडव सोए हुए थे। परंतु बलिष्ठ भीम को देखकर उसके हृदय में प्रेम उत्पन्न हो गया। वह एक सुंदर युवती का वेश बनाकर उनके सामने आई।

वन में उसे अकेला देख भीम आश्चर्यचकित रह गए। उन्होंने उसका परिचय पूछा।

हिडिंबा बोली, ''वीरवर! मैं हिडिंब राक्षस की बहन हिडिंबा हूँ। यह वन मेरे भाई के अधीन है। आप अपने परिवार सहित यहाँ से शीघ्र चले जाएँ, अन्यथा वह आप सभी को मारकर खा जाएगा।''

भीम बोले, ''सुंदरी! मैं इनके विश्राम में विघ्न नहीं डाल सकता। तुम अपने भाई को आने दो। मैं उसे चींटी की तरह मसल डालूँगा!''

तभी दहाड़ते हुए हिडिंब वहाँ आ पहुँचा। जब उसने हिडिंबा को सुंदर स्त्री के वेश में देखा तो क्रोधित होकर बोला, ''दुष्टा! मैंने तुझे इन्हें लाने के लिए भेजा था और तू यहाँ प्रेमपाश में बँध गई। ठहर, पहले मैं इन्हें मार दूँ, फिर तुझसे निपटूँगा!'' यह कहकर उसने भीम पर अपनी गदा से प्रहार किया।

परंतु भीम सचेत थे, वे अपने स्थान से पीछे हट गए। वार खाली जाते देख हिडिंब हुंकारते हुए उनकी ओर दौड़ा। भीम ने उसे जमीन पर गिरा दिया और उसके वक्ष पर मुष्टि-प्रहार करने लगे। देखते-ही-देखते हिडिंब काल का ग्रास बन गया। तब तक कुंती और अन्य पांडव जाग गए थे। मृत हिडिंब को देखकर वे सारी बात समझ गए। उन्होंने उसी समय वहाँ से चलने का निर्णय कर लिया। किंतु वे आगे बढ़ते, इससे पूर्व ही हिडिंबा ने कुंती के चरण-स्पर्श कर भीम से विवाह की इच्छा व्यक्त की।

कुंती ने सहमति दे दी। विवाह के उपरांत हिडिंबा ने एक बलशाली पुत्र को जन्म दिया। युधिष्ठिर ने उसका नाम 'घटोत्कच' रखा। वह बालक भीम के समान ही पराक्रमी था। तदनंतर भीम अपने पुत्र को हिडिंबा के पास ही छोड़कर माता कुंती एवं भाइयों के साथ आगे चल पड़े। □

# श्रीकृष्ण का विवाह

श्रीकृष्ण ने बाल्यकाल में ही पूतना, वकासुर, वत्सासुर, अघासुर, तृणावर्त तथा कंस सहित अनेक शक्तिशाली दैत्यों को मार डाला था। इससे उनकी प्रसिद्धि दसों दिशाओं में फैल गई। कंस-वध के बाद वे वसुदेव और देवकी के साथ द्वारका में निवास कर रहे थे। अनेक राजकुमारियाँ उनसे विवाह की इच्छुक थीं। इनमें रुक्मिणी नामक एक सुंदर और सुशील राजकुमारी भी शामिल थी। श्रीकृष्ण की लीलाओं के बारे में उन्होंने बहुत सुन रखा था। रुक्मिणी ने मन-ही-मन उन्हें पति मान लिया था।

रुक्मिणी विदर्भ देश के राजा भीष्मक की पुत्री थीं। उनके रुक्मी, रुक्मरथ, रुक्मबाहु, रुक्मकेश तथा रुक्ममाली नामक पाँच भाई थे। रुक्मिणी के युवा होने पर भीष्मक ने चेदि नरेश दमघोष के पुत्र शिशुपाल के साथ उनका विवाह निश्चित किया। परंतु रुक्मिणी श्रीकृष्ण का वरण करना चाहती थीं। इसलिए उन्होंने एक विश्वासपात्र ब्राह्मण द्वारा अपने विवाह का प्रस्ताव श्रीकृष्ण के पास भेजा।

श्रीकृष्ण भी रुक्मिणी के बारे में जानते थे और उनसे विवाह के इच्छुक थे। इसलिए ब्राह्मण द्वारा संदेश मिलते ही वे गुप्त रूप से विदर्भ देश पहुँच गए और उचित समय की प्रतीक्षा करने लगे। उनके आगमन की सूचना रुक्मिणी को मिल चुकी थी। उन्हें पूर्ण विश्वास था कि श्रीकृष्ण अपने पराक्रम से सभी को पराजित कर उन्हें अपने साथ द्वारका ले जाएँगे।

इधर, रुक्मिणी के विवाह की तैयारियाँ आरंभ हो चुकी थीं। चारों ओर प्रसन्नता का वातावरण था। चेदि-नरेश भी शिशुपाल को साथ लेकर विवाह से कुछ दिन पूर्व ही विदर्भ पहुँच चुके थे। मंगल-गान से पूरा विदर्भ गुंजित हो रहा था। लेकिन भविष्य की घटना से सभी अनभिज्ञ थे।

विदर्भ के राजपरिवार में विवाह से पूर्व कुलदेवी की पूजा करने की परंपरा थी। श्रीकृष्ण ने इसी दिन रुक्मिणी के हरण की योजना बनाई। उन्होंने रुक्मिणी को भी अपनी योजना से अवगत करा दिया। विवाह से एक दिन पूर्व रुक्मिणी कुलदेवी के मंदिर में पूजा करने गईं। राजसेना की एक टुकड़ी उनके साथ थी। उनके रथ को चारों ओर से अनेक योद्धा घेरे हुए थे।

पूजा-अर्चना के बाद जैसे ही वे रथ की ओर बढ़ीं, सेना को भेदते हुए श्रीकृष्ण सहसा प्रकट हुए और उन्हें अपने रथ पर बिठाकर तीव्रता से द्वारका की ओर चल पड़े। अचानक घटी इस घटना से सभी हतप्रभ रह गए। सूचना राजा भीष्मक तक पहुँची। रुक्मिणी के भाइयों को पता चला तो वे शिशुपाल सहित एक विशाल सेना लेकर श्रीकृष्ण का पीछा करने लगे।

अंततः एक स्थान पर उन्होंने श्रीकृष्ण को घेर लिया। अनेक महारथियों के बीच श्रीकृष्ण अकेले थे। यह देख रुक्मिणी भयभीत हो गईं। परंतु जैसे ही सेना ने श्रीकृष्ण पर आक्रमण किया, बलराम सेना सहित उनकी सहायता के लिए आ पहुँचे। उन्हें श्रीकृष्ण के विदर्भ जाने का प्रयोजन पता चल गया था। इसलिए वे उनके पीछे लगे थे। युद्ध में दोनों भाइयों ने शिशुपाल तथा रुक्मी आदि वीरों को पराजित कर उन्हें लौटने को विवश कर दिया। इसके बाद रुक्मिणी को साथ लेकर द्वारका लौट आए।

इस प्रकार श्रीकृष्ण और रुक्मिणी का विवाह संपन्न हुआ। □

# बकासुर का अंत

घटोत्कच को हिडिंबा के पास छोड़ने के बाद पांडव माता कुंती सहित एकचक्रा नगरी में पहुँचे। थकी-हारी कुंती ने कुछ दिन वहीं रहने का निश्चय किया। माता की इच्छा जानकर पांडवों ने ब्राह्मणों का वेश धारण किया और एक ब्राह्मण के घर में निवास करने लगे। उन्होंने ब्राह्मणों के कर्म अपना लिये थे। अतः वे प्रातःकाल भिक्षा लेने निकलते और संध्या-समय लौटते। इस प्रकार हस्तिनापुर के राजकुमार ब्राह्मणों के समान भिक्षा माँगते हुए जीवनयापन कर रहे थे।

एक बार आधी रात के समय वह ब्राह्मण-परिवार विलाप कर रहा था। कुंती से न रहा गया। वे उसी समय युधिष्ठिर को साथ लेकर उनके पास गईं और दुःखी होने का कारण पूछा।

विलाप करते हुए ब्राह्मण बोला, ''बहन! निकट के वन में बकासुर

नामक एक भयंकर और शक्तिशाली राक्षस रहता है। मनुष्य-मांस उसे बहुत प्रिय है। पूर्व समय में वह नगर में आकर उत्पात मचाया करता था। उसके पैरों तले अनेक मनुष्य और पशु मारे जाते थे। अंततः नगर को बचाने के लिए एक दिन सभी ने मिलकर निश्चय किया कि वे स्वयं उसके लिए प्रतिदिन भोजन भेजा करेंगे। तभी से प्रतिदिन एक व्यक्ति को भोजन से भरी बैलगाड़ी लेकर उसके पास भेजा जाता है। वह भोजन सहित उस व्यक्ति को मारकर खा जाता है। कल भोजन ले जाने की बारी मेरी है। इसलिए हम दुःखी हैं।''

कुंती कुछ देर तक सोचती रहीं, फिर बोलीं, ''ब्राह्मणदेव! शोक त्याग दें। कल आपके स्थान पर मेरा पुत्र भीम बकासुर के लिए भोजन लेकर जाएगा।''

ब्राह्मण प्रतिरोध करते हुए बोला, ''नहीं, नहीं बहन! आप हमारे अतिथि हैं। मैं अपने प्राण बचाने के लिए आपके पुत्र की बलि नहीं दे सकता। बकासुर के पास भोजन लेकर मैं ही जाऊँगा।''

लेकिन कुंती दृढ़ स्वर में बोलीं, ''आप निश्चिंत रहें, ब्राह्मणदेव! मुझे अपने पुत्र पर पूरा विश्वास है। यदि बकासुर अपने समान दो और राक्षसों को लेकर आ जाए तो भी उसका कुछ नहीं बिगाड़ पाएगा। देखना, भीम उसे मारकर नगरवासियों को सदा के लिए उसके आतंक से मुक्त कर देगा। परंतु वचन दीजिए, आप इस बारे में किसी को कुछ नहीं बताएँगे।''

कुंती की दृढ़ता और विश्वास देख ब्राह्मण-परिवार में हर्ष की लहर दौड़ गई। उन्होंने इस बात को गुप्त रखने का वचन दिया। अगले दिन प्रातः भीम भोजन लेकर वन की ओर चल पड़े। उन्होंने बकासुर की गुफा के बाहर बैलगाड़ी खड़ी कर दी और वहीं बैठकर उस भोजन को खाने लगे।

इधर बकासुर गुफा में से बाहर निकला तो उसकी दृष्टि भीम पर पड़ी, जो बड़े मजे से उसका भोजन चट कर रहे थे। यह देख बकासुर क्रोध से पागल हो उठा और उनकी ओर लपका। भीम भरपेट भोजन कर चुके थे। वे अपनी ओर आते बकासुर को मारने के लिए तैयार हो गए। जैसे ही वह निकट आया, उन्होंने मुष्टि-प्रहार से उसे नीचे गिरा दिया। तदनंतर उसकी गरदन को अपनी

मजबूत भुजाओं में जकड़कर दबाने लगे। और देखते-ही-देखते बकासुर ने पैर पटकते हुए प्राण त्याग दिए। फिर वे उसके मृत शरीर को घसीटते हुए नगर के बाहर तक ले आए।

उसकी मृत्यु का समाचार सुनकर चारों ओर प्रसन्नता की लहर दौड़ गई। सभी ब्राह्मण के घर की ओर चल पड़े। वचन के अनुसार ब्राह्मण ने उन्हें झूठ-मूठ की कहानी सुनाकर संतुष्ट कर दिया। अब कुंती और पांडवों का वहाँ छिपे रहना उचित नहीं था, अतः एक रात वे चुपचाप एकचक्रा नगरी से आगे के लिए चल पड़े।

□

# द्रौपदी का जन्म

महर्षि भरद्वाज और पंचाल-नरेश पृषत् में गहरी मित्रता थी। इसलिए जब उनका पुत्र द्रुपद कुछ बड़ा हुआ तो उन्होंने शिक्षा ग्रहण करने के लिए उसे भरद्वाज के पास भेजा। भरद्वाज द्रुपद को अपने पुत्र द्रोण के साथ शिक्षा प्रदान करने लगे। आश्रम में रहते हुए दोनों में मित्रता हो गई। दोनों प्रत्येक कार्य मिल-जुलकर करते थे। उनका प्रेम देखकर महर्षि भरद्वाज भी प्रसन्न थे।

इसी दौरान द्रुपद ने द्रोण को वचन दिया कि राजा बनने पर वे अपना आधा राज्य उन्हें दे देंगे। यह बात द्रोण के हृदय में गहराई से बैठ गई। अब वे अकसर राजा बनने के स्वप्न देखने लगे।

शिक्षा पूर्ण होने पर द्रुपद पंचाल लौट आए और पृषत् के बाद सिंहासन पर विराजमान होकर राज्य करने लगे। राजकार्य में डूबकर वे द्रोण को दिया हुआ वचन भूल गए। इधर कृपाचार्य की बहन कृपी के साथ द्रोण का विवाह हो चुका था। परंतु वे निर्धनता का जीवन व्यतीत कर रहे थे। उन्होंने जब द्रुपद के राजा बनने की बात सुनी तो प्रसन्नता से भर उठे। उन्हें द्रुपद की बात याद

आ गई–'जब मैं राजा बनूँगा तो तुम्हें अपना आधा राज्य दे दूँगा।'

द्रोणाचार्य मित्र से मिलने पंचाल जा पहुँचे और उनके वचन की याद दिलाई। किंतु राजमद में डूबे द्रुपद उपहास उड़ाते हुए बोले, "द्रोण! इतने बड़े विद्वान् होने के बाद भी तुम मूर्खतापूर्ण बातें कर रहे हो। खेल-खेल में दिए गए वचन का क्या मोल? उचित यही है कि तुम भी इस बात को भूल जाओ। यदि चाहो तो पुरानी मित्रता के कारण मैं तुम्हें कुछ धन सहायता-स्वरूप अवश्य दे सकता हूँ।"

द्रोण अपमान का कड़वा घूँट पीकर रह गए। उन्होंने मन-ही-मन अपने इस अपमान का प्रतिशोध लेने का निश्चय कर लिया। एक बार जब वे कृपाचार्य के पास गए, तब उनकी भेंट पितामह भीष्म से हुई। उनके अनुरोध पर वे कौरव-पांडवों को अस्त्र-शस्त्र की शिक्षा देने लगे। शिक्षा पूर्ण होने के बाद गुरुदक्षिणा में उन्होंने राजकुमारों से द्रुपद को माँग लिया। सर्वप्रथम कौरव उसे बंदी बनाने गए, किंतु उसने उन्हें पराजित कर दिया। तब पांडवों ने पंचाल पर आक्रमण किया। पांडवों के समक्ष द्रुपद टिक न सके और पराजित हो गए। पांडवों ने बेड़ियों में जकड़े द्रुपद को द्रोणाचार्य के कदमों में ला पटका। द्रोण ने उसे भिक्षा-स्वरूप आधा राज्य देकर मुक्त कर दिया।

इस अपमान से द्रुपद का तन-मन जल उठा। उन्होंने द्रोण से प्रतिशोध लेने की प्रतिज्ञा की। परंतु उनके सामने द्रुपद बिलकुल असहाय थे। उन्हें एक ऐसा शक्तिशाली पुत्र चाहिए था, जो द्रोण का काल बन सके। इसके लिए उन्होंने पुत्रेष्टि यज्ञ का आयोजन किया।

यज्ञ पूर्ण होने पर वेदी में से युवक-युवती का एक जोड़ा निकला।

तभी आकाशवाणी हुई–"द्रुपद! अग्नि से उत्पन्न तुम्हारा यह युवक द्रोणाचार्य की मृत्यु का कारण बनेगा। संसार में यह धृष्टद्युम्न के नाम से प्रसिद्ध होगा। इसकी बहन द्रौपदी के नाम से पहचानी जाएगी। यह तुम्हारे शत्रुओं के नाश का कारण बनेगी। इन्हें पुत्र-पुत्री के रूप में स्वीकार करो।"

धृष्टद्युम्न एवं द्रौपदी को पाकर द्रुपद अत्यंत प्रसन्न हुए। अब उन्हें अपना प्रयोजन सिद्ध होता दिखाई दिया। □

# पाँच पति

एकचक्रा नगरी से निकलकर पांडव और कुंती महर्षि वेदव्यास से मिले। उन्हें देखकर व्यासजी बड़े प्रसन्न हुए। चूँकि वे भविष्यवक्ता थे, अतः जान गए कि उनका अगला महत्त्वपूर्ण कार्य पंचाल में संपन्न होगा। अतएव उन्होंने पांडवों को वहीं जाने को कहा। व्यासजी की आज्ञा शिरोधार्य कर पांडव उसी ओर चल दिए। पंचाल में उन्होंने एक कुम्हार के घर शरण ली और भिक्षा माँगकर जीवनयापन करने लगे।

एक दिन उन्हें पंचाल-नरेश द्रुपद की पुत्री द्रौपदी के स्वयंवर की सूचना मिली। द्रुपद चाहते थे कि अर्जुन के समान श्रेष्ठ धनुर्धर ही उसका वरण करे। इसमें उन्होंने एक विचित्र शर्त रखी थी। इसके लिए उन्होंने लकड़ी की एक मछली को घूमनेवाले यंत्र से बाँधकर ऊपर लटका दिया था। उसके नीचे तेल से भरा एक बड़ा पात्र रखा था। उनकी शर्त थी, जो धनुर्धर तेल में

मछली की परछाईं को देखकर उसकी आँख भेद देगा, उसी से द्रौपदी का विवाह करेंगे। उत्सुकतावश पांडव भी स्वयंवर में जा पहुँचे।

हस्तिनापुर से कर्ण और शकुनि के साथ दुर्योधन भी आया हुआ था। श्रीकृष्ण और बलराम भी उपस्थित थे। तभी सखियों से घिरी द्रौपदी सभा में पधारी और अपने नियत स्थान पर बैठ गई। उसका सौंदर्य और यौवन देखकर सभी मोहित-से हो गए। उनके मन में एक ही प्रश्न था कि कौन भाग्यशाली राजकुमार सौंदर्य की इस मूर्ति का वरण करेगा?

नियत समय पर स्वयंवर आरंभ हुआ। एक-एक कर सभी राजकुमार आगे आए, परंतु लक्ष्य भेदना तो दूर, बहुत से तो धनुष भी न उठा सके। दुर्योधन भी विफल हो गया। तब उसने अंगराज कर्ण को लक्ष्य-भेदन के लिए कहा। कर्ण ने आगे बढ़कर धनुष को प्रणाम किया और एक ही झटके में उसे उठा लिया। दर्शक अंगराज कर्ण की जय-जयकार कर उठे।

किंतु इससे पहले कि वह लक्ष्य-भेदन करता, द्रौपदी खड़ी हो गई और विनम्र स्वर में बोली, "यह स्वयंवर राजकुमारों के लिए है, इसमें इनका सम्मिलित होना अनुचित है। अतः यदि ये लक्ष्य भेद लेंगे तो भी मैं इनका वरण नहीं करूँगी।"

यह सुनकर कर्ण क्रोधित होकर सभा से चला गया।

सभा में ऐसा कोई राजकुमार नहीं था, जो लक्ष्य-भेदन कर सकता। द्रुपद क्षत्रियों को धिक्कारने लगे। तब युधिष्ठिर के संकेत पर अर्जुन ने धनुष उठाया और देखते-ही-देखते लक्ष्य भेद दिया। एक ब्राह्मण द्वारा यह कार्य संपन्न होते देख अन्य सभी ब्राह्मण उत्साह में भरकर उनकी जय-जयकार कर उठे। द्रुपद के हर्ष की सीमा न रही। उन्होंने ब्राह्मणकुमार को गले से लगा लिया। श्रीकृष्ण समझ गए थे कि यह कार्य केवल अर्जुन ही कर सकते हैं। उन्होंने द्रौपदी को संकेत द्वारा सच बता दिया। द्रौपदी अपने स्थान से उठी और ब्राह्मणकुमार के गले में वरमाला डाल दी।

द्रौपदी को एक ब्राह्मण के साथ जाते देख उपस्थित राजकुमारों का रक्त खौल उठा। उन्होंने एकजुट होकर अर्जुन पर आक्रमण कर दिया। उनकी

धृष्टता देख भीम से न रहा गया और वे उन्हें उठा-उठाकर पटकने लगे। सभी राजकुमार जान बचाकर इधर-उधर भागने लगे।

घर पहुँचकर युधिष्ठिर ने परिहासवश माता से कहा, ''माते! हम आज की भिक्षा ले आए हैं।''

कुंती ने भी देखे बिना ही कह दिया, ''तुम सभी भाई इसे आपस में बाँट लो।''

पल भर में अनर्थ हो गया। कुंती पश्चात्ताप करने लगीं।

इतने में श्रीकृष्ण, बलराम और धृष्टद्युम्न वहाँ आ पहुँचे।

सारी घटना सुनकर श्रीकृष्ण बोले, ''बुआ, आपके वचन के अनुसार द्रौपदी का विवाह पाँचों पांडवों के साथ ही होगा। पूर्वजन्म में स्वयं द्रौपदी ने ही ऐसा वरदान माँगा था। आप शोक त्याग दें।''

इसके बाद पाँचों पांडवों से विधिवत् द्रौपदी का विवाह संपन्न हुआ।

□

# नागकन्या उलूपी

अब तक सभी लोग जान चुके थे कि लाक्षागृह से पांडव और कुंती सकुशल निकल आए थे। इस समाचार ने जहाँ दुर्योधन और धृतराष्ट्र को चिंतित कर दिया था वहीं भीष्म, द्रोणाचार्य और विदुर प्रसन्नतापूर्वक उन्हें वापस ले आए। इसके बाद भीष्म और विदुर के परामर्श पर धृतराष्ट्र ने युधिष्ठिर को इंद्रप्रस्थ का राज्य सौंप दिया। द्रौपदी और कुंती को लेकर पांडव इंद्रप्रस्थ चले गए और सुखपूर्वक रहने लगे।

एक दिन देवर्षि नारद इंद्रप्रस्थ पधारे। पांडवों ने उनकी यथोचित आवभगत की।

देवर्षि उनसे बोले, "आप भाइयों का प्रेम अक्षुण्ण रहे। किंतु स्त्री सगे भाइयों के बीच कलह का कारण बन सकती है। इसलिए मेरी बात का मर्म समझें, जिससे कि आप भाइयों का परस्पर प्रेम कभी कम न हो।" इसके बाद वे वहाँ से चले गए।

नारदजी का परामर्श युधिष्ठिर को उचित लगा और उन्होंने एक नियम

बनाया, जिसके अंतर्गत द्रौपदी एक-एक महीने तक प्रत्येक भाई के पास रहती थी। उस समयावधि में वह जिसके साथ होती थी, उसके अतिरिक्त कोई दूसरा भाई उसके कक्ष में नहीं जाता था। इस नियम का कठोरता से पालन किया जाता था। नियम का उल्लंघन करनेवाले के लिए बारह वर्ष का दंड निर्धारित था।

एक बार कुछ डाकुओं ने एक ब्राह्मण का धन लूट लिया। ब्राह्मण विलाप करता हुआ अर्जुन के पास आया और उनसे डाकुओं को दंडित करने की विनती की। उस समय अर्जुन के अस्त्र-शस्त्र उस कक्ष में पड़े थे, जहाँ युधिष्ठिर और द्रौपदी साथ-साथ थे। अर्जुन धर्म-संकट में पड़ गए। एक ओर कर्तव्य था तो दूसरी ओर नियम। अंततः अर्जुन ने कर्तव्य पूर्ण करने का निश्चय किया। वे कक्ष में जाकर अस्त्र-शस्त्र ले आए और डाकुओं को दंडित कर ब्राह्मण को उसका धन सौंप दिया।

चूँकि अर्जुन ने नियम का उल्लंघन किया था, इसलिए वे वन जाने की तैयारी करने लगे।

तब युधिष्ठिर बोले, ''अर्जुन! तुमने कर्तव्य-पालन के लिए नियम का उल्लंघन किया है। इसलिए हृदय से पश्चात्ताप की भावना निकाल दो। तुम्हें वन जाने की आवश्यकता नहीं है।''

परंतु अर्जुन अपने निर्णय पर अडिग रहे।

विवश होकर युधिष्ठिर ने उन्हें वन जाने की आज्ञा दे दी।

वनवास में अर्जुन ने अनेक तीर्थ-स्थलों का भ्रमण किया। उनका अधिकांश समय तप-साधना में व्यतीत होता था। इसी दौरान नागराज कौरव्य की पुत्री उलूपी अर्जुन पर मोहित हो गई। उसने अर्जुन के समक्ष विवाह की इच्छा प्रकट की। अर्जुन ने प्रस्ताव स्वीकार कर लिया और विवाह करके एक वर्ष तक उसके साथ रहे। उनके इरावान नामक एक पुत्र हुआ। उलूपी ने अर्जुन को वरदान दिया था कि जल में उन्हें कोई पराजित नहीं कर सकेगा तथा जलीय जीव-जंतु उनके साथ मित्रवत् व्यवहार करेंगे।

□

# अप्सराओं की मुक्ति

विभिन्न तीर्थ-स्थलों के दर्शन करते हुए अर्जुन मणिपुर पहुँचे। वहाँ के राजा चित्रवाहन को जब अर्जुन के आगमन का समाचार मिला तो उन्होंने उनका भरपूर आदर-सत्कार किया। चित्रवाहन की चित्रांगदा नामक एक पुत्री थी। राजा उसका विवाह अर्जुन के साथ करना चाहते थे। अर्जुन भी चित्रांगदा पर मोहित हो गए। उन्होंने स्वयं चित्रवाहन के समक्ष विवाह का प्रस्ताव रखा। राजा भी यही चाहते थे, परंतु एक शर्त रखते हुए बोले, ''अर्जुन! चित्रांगदा का विवाह आपके साथ हो, इससे बढ़कर सौभाग्य की बात और क्या हो सकती है! किंतु चित्रांगदा मेरी एकमात्र संतान है। मेरे बाद इस राज्य का कोई उत्तराधिकारी नहीं है। इसलिए मैं इसके विवाह से उत्पन्न पुत्र को गोद लेकर उसे अपना उत्तराधिकारी बनाना चाहूँगा। यदि आपको शर्त स्वीकार हो तो मैं चित्रांगदा का विवाह आपके साथ करने को तैयार हूँ।''

अर्जुन ने शर्त सहर्ष स्वीकार कर ली। चित्रवाहन ने शुभ मुहूर्त देखकर

दोनों का विवाह कर दिया। कुछ समय बाद चित्रांगदा ने बभ्रुवाहन नामक एक पुत्र को जन्म दिया। शर्त के अनुसार चित्रवाहन ने उसे गोद ले लिया। तदनंतर पत्नी और पुत्र को राजा चित्रवाहन के पास छोड़कर अर्जुन आगे चल पड़े।

इस बार उन्होंने दक्षिण की यात्रा आरंभ की। अनेक दिनों तक निरंतर चलने के बाद वे एक आश्रम में पहुँचे। निकट ही पाँच अत्यंत सुंदर सरोवर थे। परंतु उनमें भयंकर मगरमच्छ रहते थे। जो प्राणी सरोवर में जाता, वे उसे अपना आहार बना लेते थे। इसलिए कोई भी उस ओर जाने का साहस नहीं करता था। अर्जुन को जब यह बात पता चली तो उन्होंने सरोवरों को मगरमच्छों से मुक्त करने का निश्‍चय कर लिया। उन्होंने वस्त्र उतारे और स्नान के लिए जल में उतर गए।

तभी एक विकराल मगरमच्छ ने उन्हें दबोचने का प्रयास किया। अर्जुन ने उसे पकड़कर सरोवर से बाहर पटक दिया। सहसा मगरमच्छ एक सुंदर युवती में परिवर्तित हो गया। उसने अर्जुन को प्रणाम किया और विनीत स्वर में बोली, ''हे वीर! मैं एक गंधर्व-अप्सरा हूँ। मेरा नाम वर्चा है। एक बार मैं और मेरी सखियाँ इस सरोवर में स्नान कर रही थीं। तभी यहाँ से शातकर्णि ऋषि निकले। उनकी कुरूप काया देखकर हमें हँसी आ गई। तब उन्होंने क्रोधित होकर हमें मगरमच्छ बन जाने का शाप दे दिया। बाद में क्षमा-याचना करने पर उन्होंने हमें वर दिया कि जब कोई मनुष्य हमें सरोवर से बाहर पटकेगा तो हम शाप-मुक्त हो जाएँगी। हे वीर! आज आपके कारण मैं शाप-मुक्त हो गई हूँ। कृपया मेरी सखियों का भी उद्धार करें।''

अर्जुन ने सभी मगरमच्छों को सरोवर से बाहर निकालकर शाप-मुक्त कर दिया। अर्जुन की जय-जयकार करती हुई सभी अप्सराएँ गंधर्व लोक चली गईं।

इस प्रकार, जब बारह वर्ष पूर्ण हो गए तो अर्जुन पुनः इंद्रप्रस्थ लौट आए।

□

# जरासंध का वध

अर्जुन के लौटने के बाद युधिष्ठिर राजसूय यज्ञ करना चाहते थे। उन्होंने श्रीकृष्ण से परामर्श किया। वे बोले, "भ्राताश्री! आपका विचार अति उत्तम है। किंतु जरासंध के जीवित रहते यज्ञ पूर्ण करना असंभव होगा। इसके लिए सर्वप्रथम उसका वध आवश्यक है।"

युधिष्ठिर ने जिज्ञासावश जरासंध के बारे में पूछा। श्रीकृष्ण बताने लगे—

जरासंध मगध का राजा तथा कंस का ससुर था। कंस की मृत्यु का प्रतिशोध लेने के लिए उसने सत्रह बार मथुरा पर आक्रमण किया। उसके कारण ही श्रीकृष्ण को मथुरा छोड़कर द्वारका जाना पड़ा। जरासंध के जन्म की कथा बड़ी विचित्र है। उसके पिता बृहदरथ का विवाह काशी नरेश की दो जुड़वाँ राजकुमारियों के साथ हुआ। परंतु विवाह के अनेक वर्ष बीत जाने पर भी उन्हें कोई संतान प्राप्त न हुई।

एक बार बृहदरथ महर्षि चंडकौशिक की शरण में गए और उनसे पुत्र-प्राप्ति का उपाय पूछा। महर्षि ने उन्हें एक दिव्य फल देते हुए कहा, "राजन! यह फल अपनी रानी को खिला देना। इससे एक महा बलशाली पुत्र उत्पन्न होगा।"

बृहद्रथ अपनी दोनों पत्नियों से समान प्रेम करते थे, अतएव उन्होंने दोनों को आधा-आधा फल खिला दिया।

इसके फलस्वरूप रानियों ने एक ही बालक के दो अलग-अलग मृत भागों को जन्म दिया। बालक को टुकड़ों में देखकर बृहदरथ शोक में डूब गए। उन्होंने वे दोनों भाग वन में फिंकवा दिए।

वन में जरा नाम की एक राक्षसी रहती थी। उसने जैसे ही दोनों टुकड़ों को जोड़ा, बालक सजीव हो उठा। उसने इतनी जोर से गर्जन किया कि तीनों लोक काँप उठे। इसके बाद जरा ने वह बालक राजा बृहदरथ को लौटा दिया। जरा नामक राक्षसी द्वारा संधि किए जाने पर बालक सजीव हुआ था, इसलिए उसका नाम 'जरासंध' रखा गया।

जरासंध के जन्म की कथा जानकर युधिष्ठिर विस्मित रह गए। उन्होंने उससे निपटने का उपाय पूछा।

श्रीकृष्ण बोले, "भ्राताश्री! जरासंध की मृत्यु केवल भीम के हाथों ही संभव है। इसलिए आप उन्हें मेरे साथ मगध भेज दें।"

युधिष्ठिर ने अर्जुन और भीम को श्रीकृष्ण के साथ भेज दिया। वे तीनों ब्राह्मण का वेश बनाकर जरासंध की सभा में उपस्थित हुए और उसे द्वंद्व-युद्ध के लिए ललकारा। जरासंध ने उनकी चुनौती स्वीकार कर ली।

जरासंध ने मल्लयुद्ध के लिए भीम का चुनाव किया। कभी जरासंध भीम पर हावी हो जाता तो कभी भीम उसे धूल चटा देते। इस प्रकार सत्ताईस दिनों तक निरंतर युद्ध चलता रहा। अंततः जब भीम के सामने जरासंध का बल क्षीण पड़ने लगा, तब उन्होंने उसे भूमि पर गिरा दिया और दोनों पैर पकड़कर उसे बीच में से चीर डाला।

आश्चर्य! जरासंध के दोनों भाग पुनः जुड़ गए और वह जीवित हो गया।

भीम ने अनेक बार उसे मारने का प्रयास किया, परंतु हर बार वह जीवित हो जाता। भीम ने श्रीकृष्ण की ओर देखा। श्रीकृष्ण ने एक तिनके को बीच में से चीरकर उसके दोनों भाग विपरीत दिशाओं में फेंक दिए।

भीम जरासंध की मृत्यु का रहस्य जान गए। उन्होंने पुनः जरासंध को भूमि पर गिराया और उसे बीच में से चीर दिया। किंतु इस बार उन्होंने उसके दोनों भाग विपरीत दिशाओं में फेंक दिए।

इस प्रकार श्रीकृष्ण की प्रेरणा से भीम ने जरासंध का संहार कर डाला।

□

# शिशुपाल का वध

कंस की देवकी के अतिरिक्त श्रुतदेवा या सुप्रभा नामक एक बहन और थी। उसका विवाह चेदि देश के राजा दमघोष के साथ हुआ था। इस प्रकार सुप्रभा श्रीकृष्ण की मौसी लगती थी। विवाह के बाद सुप्रभा ने एक बालक को जन्म दिया। अन्य बालकों की अपेक्षा इसके तीन नेत्र और चार भुजाएँ थीं। ऐसे विचित्र बालक को देखकर दमघोष चिंतित हो गए। उन्होंने पुरोहित को बुलाकर बालक की कुंडली दिखाई।

पुरोहित बोला, ''महाराज! आपका यह पुत्र बड़ा शक्तिशाली और पराक्रमी होगा। इसे पराजित करना किसी के वश की बात नहीं होगी। किंतु सावधान राजन्! जिस मनुष्य की गोद में जाते ही इसकी अतिरिक्त भुजाएँ और एक नेत्र अदृश्य हो जाएँगे, उसी के हाथों इसकी मृत्यु निश्चित है।''

पुरोहित की बात सुनकर दमघोष और सुप्रभा के मन में संतोष हुआ।

उन्होंने बालक का नाम 'शिशुपाल' रख दिया। विभिन्न देशों से अनेक लोग उस विचित्र बालक को देखने आने लगे।

जब देवकी को सुप्रभा के पुत्र होने की बात पता चली तो उन्होंने श्रीकृष्ण को अनेक भेंटें देकर उसके पास भेजा। चेदि में सुप्रभा ने उनका स्वागत किया और उन्हें शिशुपाल के पास ले आई। उस बालक को देखकर श्रीकृष्ण मंद-मंद मुसकराने लगे। उन्होंने स्नेहवश उसे गोद में उठा लिया। उनके उठाते ही शिशुपाल की अतिरिक्त भुजाएँ और एक नेत्र अदृश्य हो गए।

यह चमत्कार देखकर सुप्रभा विस्मित रह गई। तभी उसे पुरोहित की बात याद हो आई। वह समझ गई कि श्रीकृष्ण के हाथों शिशुपाल का वध निश्चित है। भाई द्वारा भाई का वध! यह सोचकर उसके नेत्र भर आए। वह श्रीकृष्ण से लिपट गई और रोते हुए बोली, "कृष्ण! तुम अंतर्यामी हो। तुम्हें ज्ञात हो गया होगा कि शिशुपाल का वध तुम्हारे द्वारा होना निश्चित है। निस्संदेह तुम किसी निर्दोष का वध नहीं करोगे; परंतु मैं तुमसे शिशुपाल के सब अपराध क्षमा करने की प्रार्थना करती हूँ।"

श्रीकृष्ण बोले, "मौसी! मैं वचन देता हूँ, मैं इसके सौ अपराध क्षमा कर दूँगा। परंतु इसके बाद मैं इसे अवश्य दंडित करूँगा।" इसके बाद श्रीकृष्ण द्वारका लौट आए।

बाद में शिशुपाल का विवाह रुक्मिणी के साथ निश्चित हुआ। परंतु श्रीकृष्ण ने रुक्मिणी का हरण कर लिया था। इस बात से शिशुपाल मन-ही-मन श्रीकृष्ण से ईर्ष्या करता था और उन्हें नीचा दिखाने का अवसर ढूँढ़ता रहता था।

जरासंध-वध के बाद युधिष्ठिर ने राजसूय यज्ञ का आयोजन किया। इस अवसर पर उन्होंने अनेक राजाओं के साथ शिशुपाल को भी आमंत्रित किया। यज्ञ समाप्त होने के बाद प्रथम पूजा के लिए सभाजन ने श्रीकृष्ण के नाम का समर्थन किया। युधिष्ठिर जैसे ही पूजा की सामग्री लेकर श्रीकृष्ण की ओर बढ़े, सभा में उपस्थित शिशुपाल क्रोध से फुफकारता हुआ उन्हें बुरा-भला कहने लगा। सभी ने उसे शांत होने के लिए कहा, किंतु आज जैसे वह सभी मर्यादाएँ तोड़ देना चाहता था। उसकी धृष्टता बढ़ती ही जा रही थी।

सहसा श्रीकृष्ण अपने स्थान से उठे और गरजते हुए बोले, ''शिशुपाल! मैंने तुम्हारे सौ अपराध क्षमा करने का वचन दिया था। तुम्हारे अपराधों की संख्या इससे अधिक हो गई है। अब तुम मरने के लिए तैयार हो जाओ।'' यह कहकर उन्होंने सुदर्शन चक्र चला दिया।

भयभीत शिशुपाल प्राण बचाकर भागने लगा; किंतु देखते-ही-देखते सुदर्शन चक्र ने उसका मस्तक काट दिया।

□

# पांडवों को वनवास

पांडवों का महल प्रसिद्ध शिल्पकार मय दानव ने बनाया था। वह महल बड़ा विचित्र और अद्‌भुत था। उसके कक्षों की सजावट इंद्र के महल के समान थी। स्थान-स्थान पर माया का प्रयोग किया गया था। महल के एक स्थान पर मय ने एक ऐसा जलाशय बनाया था, जो फर्श के समान दिखाई देता था। महल को देखते हुए भ्रमवश दुर्योधन सरोवर को फर्श समझ बैठा और उसमें गिर गया। अटारी पर खड़ी द्रौपदी यह दृश्य देख रही थी। उसने हँसते हुए दुर्योधन पर व्यंग्य किया, ''अंधे का पुत्र अंधा!''

इस अपमान से दुर्योधन का रोम-रोम जल उठा और वह उसी दिन हस्तिनापुर लौट गया। द्रौपदी का व्यंग्य दिन-रात उसके कानों में गूँजने लगा। वह किसी भी तरह उसे नीचा दिखाना चाहता था। उसने मामा शकुनि को इस घटना के बारे में बताया और कोई उपाय करने को कहा।

शकुनि कुटिलता से हँसते हुए बोला, "भानजे! तुम युधिष्ठिर को द्यूत-क्रीड़ा के लिए आमंत्रित करो। उन्हें इसका बहुत शौक है। वे इसके लिए कदापि मना नहीं करेंगे। उन्हें द्यूत में हराकर हम उनका सारा राज्य जीत लेंगे।"

दुर्योधन को बात जँच गई। उसने पिता धृतराष्ट्र को इसके लिए तैयार कर लिया। तदनंतर उनकी ओर से युधिष्ठिर को द्यूत-क्रीड़ा के लिए निमंत्रण भेजा गया। वे सहर्ष तैयार हो गए और सपरिवार हस्तिनापुर आ गए।

नियत दिन द्यूत-क्रीड़ा आरंभ हुई। एक ओर पांडव बैठे, दूसरी ओर दुर्योधन, दु:शासन, शकुनि और कर्ण। दुर्योधन की ओर से शकुनि पाँसे फेंक रहा था। उसने पहली ही बाजी में युधिष्ठिर का सारा धन, दूसरी बाजी में सारी सेना तथा तीसरी में इंद्रप्रस्थ को जीत लिया। इस प्रकार देखते-ही-देखते युधिष्ठिर अपना सारा राजपाट गँवा बैठे। भीष्म और विदुर ने द्यूत-क्रीड़ा वहीं समाप्त करने का अनुरोध किया, किंतु धृतराष्ट्र ने उनके अनुरोध पर कोई ध्यान नहीं दिया।

युधिष्ठिर अपना राजपाट पुन: प्राप्त करना चाहते थे, अत: उन्होंने एक-एक कर भाइयों सहित स्वयं को भी दाँव पर लगा दिया। परंतु कुटिल शकुनि ने सबको जीत लिया। अब दाँव पर लगाने को कुछ नहीं था। तभी शकुनि ने द्रौपदी को दाँव पर लगाने के लिए कहा। उन्होंने द्रौपदी को भी दाँव पर लगा दिया। शकुनि ने पाँसे फेंके और उसे भी जीत लिया।

दुर्योधन के अपमान का घाव ताजा हो गया। उसने द्रौपदी को सभा में लाने का आदेश दिया। दु:शासन बालों से पकड़कर द्रौपदी को घसीटते हुए सभा में ले आया। तदनंतर दुर्योधन के आदेश पर वह द्रौपदी को वस्त्रहीन करने लगा। द्रौपदी का यह अपमान देखकर सभाजनों ने सिर झुका लिये। भीष्म और विदुर ने धृतराष्ट्र से इस घृणित कर्म को रोकने के लिए कहा। किंतु धृतराष्ट्र मौन रहे। द्रौपदी सहायता के लिए पुकारती रही, परंतु मदद के लिए कोई भी आगे नहीं आया। अंत में उसने भगवान् श्रीकृष्ण को पुकारा। उन्होंने द्रौपदी की साड़ी इतनी लंबी कर दी कि उसका छोर नहीं मिला। दु:शासन थककर एक ओर बैठ गया। इस प्रकार श्रीकृष्ण ने द्रौपदी की लाज रख ली।

द्यूत-क्रीड़ा के बाद पांडवों को बारह वर्ष का वनवास और एक वर्ष का अज्ञातवास मिला। 'यदि अज्ञातवास के समय वे पहचान में आ गए तो उन्हें पुनः वनवास भोगना होगा', यह शर्त भी पांडवों को बता दी गई। युधिष्ठिर ने माता कुंती को विदुर के घर तथा सुभद्रा व अभिमन्यु को द्वारका भेज दिया; तदनंतर भाइयों और द्रौपदी सहित वनवास के लिए चले गए। □

# महर्षि दुर्वासा की तृप्ति

पांडवों के वनागमन का समाचार सुनकर स्नेहवश अनेक ऋषि-मुनि उनकी कुटिया के निकट ही रहने लगे। एक दिन ऋषि धौम्य पांडवों से मिलने आए। वे पांडवों के पुरोहित थे। युधिष्ठिर ने उनका स्वागत किया और विनीत स्वर में बोले, "ऋषिवर! भाइयों और द्रौपदी के साथ-साथ यहाँ निवास करनेवाले ऋषि-महात्माओं के भरण-पोषण का भार भी मुझ पर है। किंतु धनाभाव के कारण मैं अपना दायित्व उठाने में असमर्थ हूँ। मैं न तो इनका परित्याग कर सकता हूँ और न ही इन्हें दुःखी देख सकता हूँ। महात्मन्! अब आप ही इससे उबरने का कोई मार्ग बताएँ।"

धौम्य बोले, "राजन्! आपकी समस्या का निदान मात्र भगवान् सूर्य ही कर सकते हैं। इसलिए आप भक्ति-भाव से उनकी आराधना करें।"

युधिष्ठिर ने सूर्योपासना आरंभ कर दी। वे एक पैर पर खड़े होकर सूर्य-मंत्र का जाप करने लगे। उनकी इस निष्ठापूर्ण उपासना से सूर्यदेव प्रसन्न हो गए और उन्होंने युद्धिष्ठिर को एक दिव्य पात्र प्रदान करते हुए कहा,

"वत्स! प्रत्येक भोजनकाल में जब तक द्रौपदी भोजन नहीं कर लेगी, तब तक यह पात्र तुम्हें मनचाहा भोजन देता रहेगा। इसके द्वारा तुम्हारी समस्या का निदान हो जाएगा।"

युधिष्ठिर ने वह दिव्य पात्र द्रौपदी को सौंप दिया।

एक बार महर्षि दुर्वासा अपने दस सहस्र शिष्यों के साथ हस्तिनापुर पधारे। दुर्योधन ने उनकी भरपूर आवभगत की। इसी बीच शकुनि की कुटिल बुद्धि षड्यंत्र रचने लगी। उसने दुर्योधन से कहा, "भानजे! तुम किसी भी तरह इन्हें पांडवों के पास भेज दो। इस समय पांडव इनका सत्कार करने की स्थिति में नहीं हैं। निस्संदेह सत्कार में कमी पाकर महाक्रोधी दुर्वासा शाप द्वारा उन्हें भस्म कर देंगे। इस तरह तुम्हारे मार्ग के काँटे सदा के लिए समाप्त हो जाएँगे।"

दुर्योधन योजना पर अमल करने लगा। जब दुर्वासा जाने को उद्यत हुए तो वह विनीत स्वर में बोला, "ऋषिवर! मेरा निवेदन है, जिस प्रकार आपने हमें कृतार्थ किया है उसी प्रकार पांडवों को भी अनुगृहीत करें।"

दुर्वासा ने दुर्योधन का निवेदन स्वीकार कर लिया और शिष्यों सहित पांडवों के पास पहुँच गए। युधिष्ठिर प्रसन्नता से भर उठे और उन्हें भोजन के लिए आमंत्रित किया। भोजन से पूर्व वे शिष्यों सहित स्नान करने चले गए। युधिष्ठिर ने द्रौपदी को शीघ्रता से भोजन तैयार करने के लिए कहा। किंतु द्रौपदी भोजन कर चुकी थी, इसलिए उस दिन दिव्य पात्र से भोजन मिलना असंभव था। युधिष्ठिर धर्म-संकट में फँस गए। वे ऋषि के क्रोध से भली-भाँति परिचित थे। इस स्थिति में वे भगवान् का स्मरण करने लगे।

सहसा कुटिया में श्रीकृष्ण ने प्रवेश किया। उन्हें देखकर पांडवों की जान में जान आई। उन्होंने आते ही द्रौपदी से कुछ खाने को माँगा। उस समय घर में अन्न का केवल एक ही दाना था। द्रौपदी वही ले आई। श्रीकृष्ण ने उस दाने को प्रेमपूर्वक खा लिया। इधर उन्होंने अन्न का दाना खाया, उधर दुर्वासा ऋषि और उनके शिष्य पूर्ण रूप से तृप्त हो गए और वहीं से लौट गए।

जब पांडवों को यह समाचार मिला तो वे श्रीकृष्ण की लीला समझ गए। इस प्रकार कृष्ण ने पांडवों को दुर्वासा ऋषि के शाप से बचा लिया। □

# भक्ति की शक्ति

महर्षि वेदव्यास को जब पांडवों के वनवास के बारे में ज्ञात हुआ तो वे उनसे मिलने पधारे। उन्होंने पांडवों को ज्ञानयुक्त उपदेश दिया और उन्हें समझाते हुए बोले, ''पुत्रो! वनवास का यह समय तुम्हें भविष्य में घटित होनेवाली घटना के लिए दृढ़ता और शक्ति प्रदान करेगा। भविष्य में तुम्हें अपने अधिकारों के लिए कौरवों से युद्ध करना होगा। वे अत्यंत शक्तिशाली, पराक्रमी, कुटिल और संख्या बल में अधिक हैं। उनका सामना करने के लिए तुम अभी से युद्ध की तैयारियाँ आरंभ कर दो। वनवास के समय का इससे बेहतर सदुपयोग और कोई नहीं हो सकता। युद्ध में तुम्हें कई मायावी योद्धाओं का वध करना पड़ेगा। अतएव हे अर्जुन! मैं तुम्हें दिव्यास्त्र प्राप्त करने का परामर्श दूँगा। इसके लिए तुम भगवान् शिव को प्रसन्न करो।''

व्यासजी की बातों में छिपी सच्चाई से पांडव भी सहमत थे। उन्होंने

भगवान् शिव को प्रसन्न करने का उपाय पूछा।

वेदव्यासजी बोले, ''अर्जुन! तुम इंद्रकील पर्वत पर जाकर भगवान् शिव के अमोघ मंत्र 'ॐ नमः शिवाय' का जाप करो। इससे वे अतिशीघ्र प्रसन्न होकर तुम्हें मनोवांछित वर प्रदान करेंगे।''

इसके बाद उन्होंने अर्जुन को मंत्र की दीक्षा दी। तदनंतर युधिष्ठिर की आज्ञा लेकर अर्जुन उसी दिन इंद्रकील पर्वत पर जाकर तप करने लगे।

अनेक वर्ष बीत गए। जब उनके तप से तीनों लोक संतप्त होने लगे, तब देवराज इंद्र ब्राह्मण का वेश बनाकर उनकी परीक्षा लेने आए। वे प्रलोभन देते हुए बोले, ''हे अर्जुन! तुम मिथ्या ही भगवान् शिव के लिए इतनी कठोर तपस्या कर रहे हो। वे भला तुम्हें क्या दे सकते हैं! तुम हठ छोड़ दो। मैं तुम्हारी सभी इच्छाएँ पूर्ण कर दूँगा।''

अर्जुन ने उनकी बात का कोई उत्तर नहीं दिया और चुपचाप मंत्र-जाप करते रहे। अर्जुन की निष्ठा और भक्ति से इंद्र बड़े प्रसन्न हुए। वे उन्हें वरदान देते हुए बोले, ''वत्स! निश्चय ही तुम अपने कार्य में सफलता प्राप्त करोगे। तप के उपरांत मैं तुम्हें समस्त दिव्यास्त्र सौंप दूँगा।'' यह कहकर वे अंतर्धान हो गए।

'अर्जुन दिव्यास्त्र प्राप्त करने के लिए कठोर तप कर रहा है', यह समाचार दुर्योधन को मिल गया था। उसने तप में सफल होने से पूर्व ही उन्हें मार डालने का निश्चय किया। यह कार्य उसने एक मायावी दैत्य को सौंपा। दैत्य ने शूकर (जंगली सूअर) का रूप धारण करके अर्जुन पर आक्रमण कर दिया।

प्राण-रक्षा के लिए अर्जुन ने धनुष पर बाण चढ़ाकर शूकर की ओर छोड़ दिया। तभी एक और बाण उसकी ओर लपका। दोनों बाण एक साथ शूकर को लगे और वह काल का ग्रास बन गया।

अर्जुन कुछ समझ पाते, इससे पूर्व ही एक भील शूकर के पास आया और उसे उठाकर चल दिया। वे क्रोधित होकर बोले, ''ठहरो! इस शूकर को मैंने मारा है; इसे यहीं छोड़ दो, अन्यथा युद्ध के लिए तैयार हो जाओ।''

भील ने शूकर को कंधे से उतारा और युद्ध के लिए तत्पर हो गया।

अर्जुन ने उस पर बाणों की वर्षा आरंभ कर दी, किंतु उसने सभी बाणों को काट डाला। अर्जुन आश्चर्य में पड़ गए। सहसा उनकी दृष्टि भील के गले में पड़ी पुष्पों की माला पर गई। यह वही पुष्पमाला थी, जो आज उन्होंने उपासना के समय शिवलिंग पर चढ़ाई थी। उन्होंने धनुष फेंक दिया और उनके चरणों में गिरकर क्षमा माँगने लगे।

भगवान् शिव अपने वास्तविक रूप में आ गए। उन्होंने अर्जुन को हृदय से लगा लिया। तदनंतर अर्जुन के तप से प्रसन्न होकर भगवान् शिव ने उसे 'पाशुपत' नामक शक्तिशाली अस्त्र प्रदान किया।

इस प्रकार अनन्य भक्ति और विश्वास द्वारा अर्जुन ने अपने कार्य में सफलता प्राप्त की।

□

# शाप बना वरदान

इंद्र ने अर्जुन को वरदान दिया था कि पाशुपत अस्त्र प्राप्त करते ही वे उन्हें अपने समस्त दिव्यास्त्र सौंप देंगे। अतएव अर्जुन सीधे स्वर्ग की ओर चल दिए। उनके आगमन की सूचना पाकर इंद्र के हर्ष की सीमा न रही। चूँकि अर्जुन उन्हीं के अंश से उत्पन्न हुए थे, इसलिए पुत्र के स्वागत के लिए वे स्वयं स्वर्ग के द्वार पर आए। उनके साथ अनेक देवगण भी थे। अर्जुन का भरपूर आतिथ्य-सत्कार किया गया। देवराज इंद्र के आग्रह पर उन्होंने कुछ दिन वहीं रहने का निश्चय कर लिया। इस दौरान अर्जुन ने गंधर्वराज चित्रसेन से संगीत और नृत्य की शिक्षा ग्रहण की। कुछ ही दिनों में उन्होंने इसमें महारत हासिल कर ली।

एक बार इंद्र की सभा में बैठे अर्जुन अप्सराओं का नृत्य देख रहे थे। तभी वहाँ उर्वशी अप्सरा का आगमन हुआ। अर्जुन कुछ देर तक उसे एकटक देखते रहे, फिर दृष्टि झुका ली। उर्वशी ने भी यह सब देखा और वह उन पर मोहित हो गई थी।

रात को जब अर्जुन अपने कक्ष में पहुँचे तो वहाँ उर्वशी को अपनी

प्रतीक्षा करते पाया। वे विस्मित रह गए। फिर हाथ जोड़कर विनम्र स्वर में बोले, ''माते! इस समय आप यहाँ क्या कर रही हैं? यदि कोई काम था तो मुझे बुला लिया होता।''

अर्जुन के मुख से अपने लिए 'माता' शब्द सुनकर उर्वशी सकपका गई। उसने इसे अपने कानों का भ्रम समझ लिया। वह अर्जुन के पास आई और स्वर में मिसरी घोलती हुई बोली, ''हे वीरश्रेष्ठ! देवराज इंद्र ने मुझे आपकी सेवा में भेजा है। मैं भी आप पर मोहित हूँ।''

अर्जुन दूर छिटकते हुए थोड़े क्रोध में भरकर बोले, ''माते! यह आप क्या कह रही हैं? आपको ये बातें शोभा नहीं देतीं। कुरु-वंश की जननी होने के कारण आप मेरे लिए माता-तुल्य हैं। मैं आप में इसी रूप के दर्शन करता हूँ। कृपया मुझे पाप का भागी न बनाएँ।''

उर्वशी उन्हें समझाते हुए बोली, ''वीरवर! हम अप्सराएँ किसी की संबंधी नहीं होतीं। हमारा कार्य देवताओं का मनोरंजन करना है। इसके अतिरिक्त पुण्य आत्माएँ भी हमारा भोग करती हैं। इसलिए व्यर्थ की बातें छोड़कर मेरी सेवा स्वीकार करो।''

अर्जुन कठोरता से बोले, ''माते! आप इसी समय यहाँ से चली जाएँ, अन्यथा घोर अनर्थ हो जाएगा।''

जिस उर्वशी को पाने के लिए देवगण भी तरसते थे, अर्जुन ने उसे पल भर में ठुकरा दिया था। उर्वशी इस अपमान को सह न सकी और क्रोधित होकर बोली, ''अर्जुन! तुमने मुझे अस्वीकार करके मेरा अपमान किया है। जाओ, मैं तुम्हें शाप देती हूँ कि तुम एक वर्ष के लिए किन्नर हो जाओगे।'' इसके बाद उफनती हुई वह वहाँ से चली गई।

अर्जुन की महानता के विषय में सुनकर इंद्र अत्यंत प्रसन्न हुए। उन्होंने उन्हें वरदान दिया कि उर्वशी का शाप अज्ञातवास में उनके लिए उपयोगी सिद्ध होगा। इसके बाद दिव्यास्त्र लेकर अर्जुन पृथ्वी पर लौट आए।

शाप के फलस्वरूप अज्ञातवास में अर्जुन ने एक वर्ष किन्नर रूप में व्यतीत किया था। उनके इस रूप के कारण कोई भी उन्हें पहचान नहीं सका। इस प्रकार उर्वशी का शाप ही उनके लिए वरदान बन गया। □

# अजगर का उद्धार

त्वष्टा ऋषि का वृत्रासुर नामक एक परम पराक्रमी और वीर पुत्र था। उसने ब्रह्माजी को प्रसन्न कर वर प्राप्त किया था कि उसकी मृत्यु न किसी ठोस वस्तु से होगी और न ही किसी द्रब से। वर-प्राप्ति के बाद उसने संपूर्ण पृथ्वी पर अधिकार कर लिया। उसकी शक्ति बढ़ते देख इंद्र को स्वर्ग का सिंहासन हाथ से जाता दिखाई दिया। उन्होंने उसका वध करने का निश्चय कर लिया।

एक दिन वृत्रासुर समुद्र के किनारे भ्रमण कर रहा था, तब देवराज इंद्र ने समुद्र-फेन (झाग) में वज्र की शक्ति स्थापित कर वृत्रासुर का वध कर डाला। चूँकि वृत्रासुर ब्राह्मण का पुत्र था, इसलिए इंद्र को ब्रह्म-हत्या का पाप लग गया। इसके फलस्वरूप उनका समस्त तेज समाप्त हो गया। देवगण एवं ऋषि-मुनि उन्हें तिरस्कृत भाव से देखने लगे। इंद्र को इस दुष्कर्म पर लज्जा अनुभव होने लगी और वे मानसरोवर के एक कमल में जाकर छिप गए।

एक सहस्र वर्ष बीत गए; स्वर्ग का सिंहासन रिक्त पड़ा था। इससे पृथ्वी की संपूर्ण व्यवस्थाएँ खंडित होने लगीं। मेघों ने जल बरसाना बंद कर दिया; अन्न-जल के अभाव में प्राणी काल का ग्रास बनने लगे। इस स्थिति ने देवताओं को चिंतित कर दिया। परस्पर विचार-विमर्श करके उन्होंने इक्ष्वाकु वंशी राजा नहुष को इंद्र-पद पर आसीन कर दिया। लेकिन जल्दी ही स्वर्ग के वैभव और भोग-विलास ने नहुष को भ्रमित कर दिया। वह स्वयं को सर्वशक्तिमान समझने लगा। उसने इंद्र की पत्नी शची को देखा तो उसे पाने के लिए उद्यत हो गया।

शची उसके इरादे को भाँप गईं। वह भगवान् विष्णु के पास गईं और सारी घटना बताकर उनसे सहायता की प्रार्थना की। श्रीविष्णु ने उपाय बताया, ''यदि इंद्र अश्वमेध यज्ञ करें तो ब्रह्म-हत्या के पाप से मुक्त हो जाएँगे।''

देवगुरु बृहस्पति ने मानसरोवर के निकट यज्ञ की समस्त तैयारियाँ कर दीं। इंद्र कमल से बाहर आए और यज्ञ करने लगे। यज्ञ-समाप्ति पर वे ब्रह्म-हत्या के पाप से मुक्त होकर तेजयुक्त हो गए। अब नहुष को इंद्र-प्रद से हटाना आवश्यक था। इसके लिए उन्होंने एक योजना बनाई और शची को सबकुछ समझा दिया।

शची ने नहुष के पास संदेश भेजा—''मैं आपका पराक्रम, तेज और प्रभाव देखकर आप पर मोहित हो गई हूँ और आपसे विवाह करना चाहती हूँ। यदि आपको मेरा प्रस्ताव स्वीकार हो तो ऐसी पालकी में बैठकर आएँ जिसे महान् ऋषि-मुनि उठाकर लाएँ। इससे आपके प्रभाव में और भी वृद्धि होगी।''

संदेश मिलते ही नहुष की प्रसन्नता का ठिकाना न रहा। उसने पालकी मँगवाकर उसे ढोने के लिए अगस्त्य आदि प्रसिद्ध ऋषि-महर्षियों को नियुक्त कर दिया। दैववश ऋषि-मुनि पालकी लेकर शची के पास चल पड़े। नहुष शची से मिलने के लिए अधीर हो रहा था। इसी अधीरता के कारण 'सर्प-सर्प' (अर्थात् तेज चलो) कहते हुए उसने महर्षि अगस्त्य पर लात से प्रहार किया। इस अपमान से अगस्त्य ऋषि क्रोधित हो गए और उन्होंने नहुष को सर्प बन जाने का शाप दे दिया। नहुष को अपराध-बोध हुआ तो वह महर्षि से

क्षमा-याचना करने लगा। ऋषि अगस्त्य बोले, ''द्वापर में राजा युधिष्ठिर के स्पर्श मात्र से तुम्हारा उद्धार हो जाएगा।'' तदनंतर वह विशालकाय अजगर बनकर पृथ्वी पर जा गिरा।

एक बार वन-भ्रमण करते समय भीम अजगर रूपी नहुष के चंगुल में फँस गए। उन्हें ढूँढ़ते हुए युधिष्ठिर भी वहाँ आ पहुँचे। भीम को छुड़वाने के लिए उन्होंने अजगर पर लात से प्रहार किया। युधिष्ठिर का स्पर्श होते ही नहुष शाप-मुक्त होकर स्वर्ग चला गया।

□

# जयद्रथ को वरदान

सिंधु देश के राजा वृद्धक्षत्र परम तपस्वी और तेजस्वी पुरुष थे। उनका अधिकांश समय पूजा-अर्चना में ही व्यतीत होता था। इसके फलस्वरूप उन्हें एक पुत्र की प्राप्ति हुई। राजपुरोहित ने उसका नामकरण 'जयद्रथ' किया। फिर उसकी कुंडली देखते हुए बोले, "महाराज! निस्संदेह आपका पुत्र परम वीर और पराक्रमी होगा। इसके समक्ष बड़े-बड़े योद्धा भी पराजित हो जाएँगे। यह समस्त सुखों का भोग करेगा। परंतु राजन्! इसकी मृत्यु एक महान् धनुर्धर के हाथों निश्चित है।"

पुरोहित की बात सुनकर वृद्धक्षत्र सोच में पड़ गए। वे जानते थे कि विधि का विधान बदलना स्वयं ब्रह्माजी के लिए भी असंभव है। अतएव वे जयद्रथ को वरदान देते हुए बोले, "जो भी इसका कटा हुआ सिर पृथ्वी पर गिराएगा, उसके शरीर के सौ टुकड़े हो जाएँगे।"

इस प्रकार वृद्धक्षत्र ने अपने पुत्र के हत्यारे के लिए दंड सुनिश्चित कर दिया।

युवा होने पर जयद्रथ का विवाह दुर्योधन की बहन दु:शला के साथ संपन्न हुआ। इसके बाद उसका राज्याभिषेक कर वृद्धक्षत्र तपस्या करने वन में चले गए। अब जयद्रथ का अधिकांश समय दुर्योधन के साथ बीतने लगा। उसके साथ रहते हुए उसे अनेक अवगुणों ने घेर लिया। वह दुराचारी, पापी, अभिमानी और चरित्रहीन हो गया।

एक बार वन-भ्रमण करते हुए जयद्रथ उस स्थान पर पहुँच गया, जहाँ पांडव निवास कर रहे थे। उस समय कुटिया में द्रौपदी अकेली थीं। उन्हें देखकर उसके मन में पाप जाग्रत् हो गया। उसने द्रौपदी को बलपूर्वक उठाया और रथ पर बिठाकर सिंधु देश की ओर चल पड़ा।

द्रौपदी सहायता के लिए पांडवों को पुकारने लगीं। पुकार सुनकर पांडव दौड़े आए। उन्हें जब द्रौपदी-हरण के बारे में पता चला तो क्रोध से भर उठे। उन्होंने अस्त्र-शस्त्र धारण कर जयद्रथ का पीछा किया और उसे बंदी बना लिया।

भीम उसे मार डालने के लिए बेचैन हो रहे थे, तब युधिष्ठिर उन्हें रोकते हुए बोले, ''अनुज! द्रौपदी पर कुदृष्टि डालकर जयद्रथ ने नीच कर्म किया है। इस अपराध की सजा मृत्युदंड है। परंतु यह हमारी बहन दु:शला का पति भी है। इसलिए इसे क्षमा कर दो।''

द्रौपदी उनकी बात का समर्थन करते हुए बोली, ''आप ठीक कहते हैं, आर्यपुत्र; परंतु इस पापी को ऐसा दंड अवश्य मिलना चाहिए जिससे यह फिर किसी नारी के साथ ऐसी धृष्टता करने का साहस न कर सके।''

तब द्रौपदी के कहने पर भीम ने जयद्रथ का सिर मूँड़कर पाँच स्थानों पर थोड़े-थोड़े बाल छोड़ दिए। ये चिह्न उसके घृणित कार्य के प्रतीक थे।

इस अपमान से जयद्रथ के मन में प्रतिशोध की ज्वाला धधक उठी। उसने भगवान् शिव को प्रसन्न कर शक्ति प्राप्त करने का निश्चय कर लिया। उसके कठोर तप से प्रसन्न होकर भगवान् शिव वरदान देने के लिए प्रकट

हुए। जयद्रथ ने उनसे पांडवों को पराजित करने का वरदान माँगा।

भगवान् शिव बोले, "वत्स! अर्जुन के पास पाशुपत नामक शक्तिशाली अस्त्र है, जिसका प्रहार कभी निष्फल नहीं होता। मेरे वरदान-स्वरूप तुम अर्जुन को छोड़कर शेष चारों पांडवों का बल एक दिन के लिए क्षीण करने में समर्थ होगे।"

वरदान पाकर जयद्रथ संतुष्ट हो गया और सिंधु देश लौट गया। □

# यक्ष प्रश्न

एक बार पांडव ऋषि-मुनियों के साथ धर्म-चर्चा में लीन थे। तभी एक ब्राह्मण वहाँ आया और युधिष्ठिर से प्रार्थना करता हुआ बोला, "धर्मराज! मैं द्वैतवन में रहता हूँ। यज्ञाग्नि प्रज्वलित करने के लिए मेरे पास एक अरणी और मथनी थी, जिसे मैंने एक वृक्ष पर टाँग रखा था। कल एक बारहसिंगा दौड़ता हुआ वहाँ से निकला, जिससे अरणी और मथनी उसके सींगों में फँसकर उसके साथ चली गई। राजन्! उनके बिना मैं यज्ञाग्नि प्रज्वलित करने में असमर्थ हूँ। मैं आपकी शरण में हूँ। आप मेरी अरणी और मथनी ढूँढ़कर ले आएँ।"

युधिष्ठिर ने ब्राह्मण को प्रतीक्षा करने के लिए कहा और अस्त्र-शस्त्र लेकर भाइयों सहित बारहसिंगे की खोज में चल पड़े।

पांडव दूर घने वन की ओर निकल आए, किंतु बारहसिंगा नहीं मिला।

थककर वे एक वृक्ष के नीचे बैठ गए। प्यास से सभी का गला सूख रहा था। युधिष्ठिर ने नकुल को पेड़ पर चढ़कर आस-पास जलाशय देखने के लिए कहा। उन्हें दूर एक सरोवर दिखाई दिया। नकुल बोले, "भ्राताश्री! कुछ दूरी पर एक सुंदर सरोवर है। आप यहाँ विश्राम करें, मैं अभी सबके लिए जल लेकर आता हूँ।"

नकुल ने पत्तों का दोना बनाया और जल लेने चल दिए।

पांडव भाइयों को प्रतीक्षा करते हुए बहुत समय बीत गया, परंतु नकुल नहीं लौटे। युधिष्ठिर को चिंता होने लगी। उन्होंने सहदेव को भेजा; वे भी लौटकर नहीं आए। एक-एक कर उन्होंने अर्जुन और भीम को भी भेजा; परंतु कोई भी नहीं लौटा।

युधिष्ठिर का मन किसी अनिष्ट की आशंका से काँप उठा। उन्होंने शस्त्र उठाए और तेजी से सरोवर की ओर चल दिए। वहाँ पहुँचकर उनकी आशंका विश्वास में बदल गई। चारों भाई सरोवर-तट पर मूर्च्छित अवस्था में पड़े थे। उन्होंने उन्हें हिलाया-डुलाया, किंतु किसी ने भी अपनी आँखें नहीं खोलीं। उन्हें होश में लाने के लिए वे जल लेने तट की ओर दौड़े।

जैसे ही वे जल भरने को हुए, एक भयंकर स्वर सुनाई दिया—'ठहरो! मैं इस सरोवर का रक्षक यक्ष हूँ। मेरे प्रश्नों के उत्तर दिए बिना यदि तुमने जल पिया तो तुम्हारी भी वही दशा होगी, जो इन युवकों की हुई है। इसलिए पहले मेरे प्रश्नों के उत्तर दो।"

"यक्षराज! आप अवश्य कोई देवता या सिद्ध पुरुष हैं, जिसने संसार के सर्वश्रेष्ठ वीरों को मूर्च्छित कर दिया। आप प्रश्न पूछें, मैं उत्तर दिए बिना जल ग्रहण नहीं करूँगा।"

यक्ष ने एक-एक कर अनेक प्रश्न पूछे और युधिष्ठिर ने उन सभी का सही और सटीक उत्तर दिया। उनकी बौद्धिकता और विद्वत्ता से प्रभावित होकर यक्ष बोला, "निस्संदेह तुम जैसा बुद्धिमान् संसार में कोई दूसरा नहीं है। हे युधिष्ठिर! मैं तुमसे प्रसन्न हूँ। तुम्हारी इच्छानुसार मैं इनमें से किसी एक युवक को जीवित कर सकता हूँ।"

युधिष्ठिर हाथ जोड़कर बोले, ''यक्षराज! कुंती और माद्री नामक मेरी दो माताएँ हैं। कुंती-पुत्रों में मैं जीवित हूँ। अतएव आप माद्री-पुत्रों में से एक पुत्र को जीवित कर दें।'' यक्ष ने प्रसन्न होकर चारों पांडवों को जीवित कर दिया। फिर वह युधिष्ठिर के समक्ष प्रकट हुआ। वह कोई और नहीं, स्वयं धर्मराज थे। उन्होंने युधिष्ठिर को वरदान दिया कि अज्ञातवास में कोई भी पांडवों को पहचान नहीं सकेगा। इसके बाद युधिष्ठिर की प्रार्थना पर उन्होंने ब्राह्मण की अरणी और मथनी लाकर उन्हें सौंप दी। तदनंतर पांडव घर लौट आए।

□

# दुराचारी कीचक को मृत्युदंड

वनवास के बारह वर्ष पूर्ण हो चुके थे; पांडवों को अंतिम एक वर्ष अज्ञातवास में बिताना था। अतएव वे अपने वेश और नाम बदलकर राजा विराट के यहाँ रहने लगे। युधिष्ठिर ने अपना नाम कंक, भीम ने बल्लभ, अर्जुन ने बृहन्नला, नकुल ने ग्रंथिक और सहदेव ने तंतिपाल रख लिया था। ब्राह्मण-वेशधारी युधिष्ठिर राजा विराट के परामर्शकर्ता नियुक्त हुए। द्रौपदी विराट की पत्नी सुदेष्णा के पास दासी-रूप में कार्य करने लगी। उसने अपना नाम सैरंध्री रखा। भीम राजकीय रसोइए का कार्यभार सँभालने लगे। अर्जुन राजा विराट की पुत्री उत्तरा को संगीत और नृत्य की शिक्षा देने लगे। उस समय उर्वशी के शाप के कारण वे किन्नर बन गए थे। नकुल राजकीय अश्वशाला और सहदेव गोशाला के अधिकारी के रूप में काम करने लगे। इस प्रकार अलग-अलग रहते हुए पांडव अज्ञातवास का समय काटने लगे।

रानी सुदेष्णा का कीचक नामक एक भाई था। वह राजा विराट का सेनापति भी था। वह बड़ा पराक्रमी और शक्तिशाली योद्धा था। लेकिन दुराचार, चरित्रहीनता और उद्दंडता उसमें कूट-कूटकर भरी हुई थी। एक बार वह अपनी बहन से मिलने महल में आया तो द्रौपदी को देखकर उस पर मोहित हो गया। एकांत पाकर उसने द्रौपदी का मार्ग रोक लिया और प्रलोभन देकर उसे रिझाने लगा।

द्रौपदी क्रोधित होकर बोली, ''इस प्रकार का व्यवहार आपको शोभा नहीं देता। आपके इस दुःसाहस का पता मेरे गंधर्व पतियों को चल गया तो वे आपको जीवित नहीं छोड़ेंगे। इसलिए आप अपना कल्याण चाहते हैं तो भूलकर भी ऐसा दुःसाहस पुनः मत करना।''

द्रौपदी की बात सुनकर कीचक का रोम-रोम जल उठा। वह उसी समय सुदेष्णा के पास गया और उसे अपने मन की बात बताई। भाई के प्रेम में अंधी सुदेष्णा न्याय-अन्याय, उचित-अनुचित, पाप-पुण्य का भेद भूल बैठी। उसने छलपूर्वक द्रौपदी को कीचक के कक्ष में भेजा। कीचक पहले से ही घात लगाए बैठा था, उसने द्रौपदी को बाँहों में जकड़ लिया। द्रौपदी ने पूरी शक्ति लगाकर स्वयं को कीचक के बंधनों से मुक्त किया और भागती हुई सभा में पहुँच गई। पीछे-पीछे कीचक भी आ गया। उसने द्रौपदी पर लात-घूँसों की बरसात कर दी। युधिष्ठिर सीने पर पत्थर रखकर अपनी प्राणप्रिया को मार खाते देखते रहे। राजा विराट स्वयं कीचक से भयभीत रहते थे, इसलिए वे भी शांत रहे। थक-हारकर कीचक वहाँ से चला गया।

रक्ताभ हुए भीम एक आड़ में खड़े यह सब देख रहे थे। उन्होंने कीचक को मार डालने का निश्चय कर लिया। दूसरे दिन उनके कहने पर द्रौपदी ने कीचक से मीठी-मीठी बातें कर रात्रि के समय नाट्यशाला में आने के लिए कहा। अपनी विजय पर प्रसन्न कीचक नाट्यशाला में पहुँचा। उस समय द्रौपदी के स्थान पर वेश बदलकर भीम वहाँ बैठे हुए थे। उन्होंने कीचक की गरदन भुजाओं में जकड़ ली और उसका वध कर डाला।

सभी ने समझा, सैरंध्री के गंधर्व-पतियों ने कीचक का वध किया है।

कीचक के एक सौ पाँच भाई थे। उसकी मृत्यु का प्रतिशोध लेने के लिए उन्होंने सैरंध्री को जीवित जलाने का प्रयास किया। तब भीम ने उन्हें भी काल का ग्रास बना दिया।

इस प्रकार कीचक और उसके भाइयों का वध कर भीम ने द्रौपदी के सम्मान की रक्षा की।

□

# विजयश्री का वरण

अज्ञातवास का समय समाप्त हो चुका था। इस समयावधि में कोई भी पांडवों को पहचान नहीं सका। वचन के अनुसार अब धृतराष्ट्र को पांडवों को उनका राजपाट लौटाना था। इसके लिए पितामह भीष्म और विदुर निरंतर उन पर दबाव डाल रहे थे; किंतु पुत्र-मोह में फँसे धृतराष्ट्र असमंजस में थे। सभी उनके निर्णय की प्रतीक्षा कर रहे थे।

जब कई दिन बीत गए, तब श्रीकृष्ण युधिष्ठिर को समझाते हुए बोले, ''भ्राताश्री! निस्संदेह कौरवों का विचार आधा राज्य देने का नहीं है। धृतराष्ट्र भी पुत्र-मोह में घिरकर न्याय-अन्याय को भूल बैठे हैं। उनकी सोच पर पक्षपात का परदा गिर गया है। इसलिए युद्ध की तैयारियाँ आरंभ कर दें। अपने अधिकार को पाने का अब एकमात्र उपाय केवल युद्ध है।''

किंतु युधिष्ठिर इस समस्या को शांतिपूर्ण तरीके से सुलझाना चाहते थे।

वे बोले, ''हे श्रीकृष्ण! अपनों से भला कैसा युद्ध? राज्य मेरे अधीन रहे या दुर्योधन के, इससे कोई अंतर नहीं पड़ता। मैं स्वार्थवश किसी का अहित नहीं कर सकता। मुझे आधा राज्य नहीं चाहिए। यदि वे पाँच गाँव दे देंगे तो हम भाई उसी में संतोष कर लेंगे।''

इसके बाद उन्होंने श्रीकृष्ण को अपना दूत बनाकर हस्तिनापुर भेजा। हस्तिनापुर की सभा में खड़े होकर श्रीकृष्ण ने युधिष्ठिर की बात दोहराई। दुर्योधन क्रोध में भरकर बोला, ''यदि पांडव अभी भी कुछ पाने की आशा लगाए हुए हैं तो यह उनकी भूल है। पाँच गाँव तो क्या, मैं उन्हें सुई की नोंक के बराबर भी भूमि नहीं दूँगा।''

श्रीकृष्ण बोले, ''दुर्योधन! अंतिम निर्णय लेने का अधिकार महाराज धृतराष्ट्र को है। बड़ों के बीच में तुम्हारा बोलना उचित नहीं है। तुम व्यर्थ में ही विनाश को चुनौती दे रहे हो। अभी भी समय है, सँभाल जाओ, अन्यथा कोई भी इस राज्य को भोगने के लिए जीवित नहीं बचेगा।''

श्रीकृष्ण की बात सुनकर दुर्योधन क्रोध से भर उठा। उसने उन्हें बंदी बनाने का आदेश दे डाला। तब श्रीकृष्ण ने उन्हें अपने ब्रह्म-स्वरूप के दर्शन कराए और द्वारका लौट गए।

युद्ध अवश्यंभावी हो चुका था। दोनों पक्षों की सेनाएँ एकत्रित होने लगीं। विभिन्न देशों के राजा अपनी इच्छानुसार कौरव और पांडवों के पक्ष में सम्मिलित होने लगे। ऐसे समय में श्रीकृष्ण को अपने पक्ष में करने के लिए दुर्योधन और अर्जुन एक साथ उनके पास जा पहुँचे। उन्हें एक साथ देख श्रीकृष्ण हँसते हुए बोले, ''अर्जुन! तुम दोनों ने मुझे धर्म-संकट में डाल दिया है। दोनों ही मुझे समान रूप से प्रिय हो। न मैं तुम्हें निराश कर सकता हूँ और न ही दुर्योधन को। इसलिए तुम में से किसी एक की ओर मैं रहूँगा और दूसरे की ओर मेरी नारायणी सेना। अब यह तुम पर निर्भर करता है कि तुम्हें क्या चाहिए? परंतु ध्यान रहे, मैं युद्ध में शस्त्र न उठाने की प्रतिज्ञा कर चुका हूँ।''

'यदि श्रीकृष्ण युद्ध ही नहीं करेंगे तो उन्हें अपने पक्ष में लेने का क्या

लाभ?' यह सोचकर दुर्योधन ने उनकी नारायणी सेना माँग ली और प्रसन्नतापूर्वक लौट गया।

अर्जुन श्रीकृष्ण का चुनाव करते हुए बोले, "आप साक्षात् भगवान् हैं। आप जिस ओर होंगे, निस्संदेह विजय उसी की होगी। आपके रूप में मैंने विजयश्री का वरण किया है। हे केशव! युद्ध में आप मेरे सारथि बनकर सदैव मेरा मार्गदर्शन करने की कृपा करें।"

श्रीकृष्ण ने अर्जुन का प्रस्ताव स्वीकार कर लिया। इस प्रकार अर्जुन ने भगवान् का चयन कर अपनी विजय सुनिश्चित कर ली।

□

# युधिष्ठिर की विनम्रता

कुरुक्षेत्र का युद्धस्थल! पांडवों और कौरवों की विशाल सेनाएँ अस्त्र-शस्त्रों से सुसज्जित होकर एक-दूसरे के सामने खड़ी थीं। कौरवों के पक्ष में जहाँ पितामह भीष्म, कृपाचार्य, द्रोणाचार्य, कर्ण, शल्य, अश्वत्थामा, जयद्रथ, दुःशासन, शकुनि जैसे महारथी थे, वहीं पांडवों के एकमात्र रक्षक भगवान् श्रीकृष्ण थे। वे सारथि बनकर अर्जुन के रथ का संचालन कर रहे थे। किसी भी समय रणभेरी बज सकती थी; युद्ध आरंभ होनेवाला था।

सहसा युधिष्ठिर रथ से उतरकर पैदल ही कौरवों की ओर चल दिए। यह देख सभी विस्मित रह गए। अर्जुन ने श्रीकृष्ण से युधिष्ठिर के इस व्यवहार का कारण पूछा। श्रीकृष्ण हँसते हुए बोले, ''पार्थ! प्रत्येक स्थिति में धर्म का पालन करनेवाले ही धर्मराज कहलाते हैं। धर्मराज युधिष्ठिर ने सदैव धर्म को सर्वोपरि माना है। आज भी वे उसी का पालन कर रहे हैं।''

इधर युधिष्ठिर को आते देख दुर्योधन अट्टहास कर उठा और कर्ण से बोला, ''मित्र! हमारी विशाल सेना देखकर युधिष्ठिर के मन में भय उत्पन्न हो गया है। निश्चय ही वह क्षमा-याचना के लिए आ रहा है। भला संसार में ऐसा

कौन मूर्ख होगा, जो महान् योद्धाओं से सज्जित शक्तिशाली कौरव सेना का सामना कर सके!''

''वत्स! पांडव भयभीत होकर पीछे हटनेवालों में से नहीं हैं। अवश्य कोई और बात है। इसलिए व्यर्थ की आत्मप्रशंसा बंद करो और प्रतीक्षा करो।'' पितामह भीष्म ने उन सबको परामर्श दिया।

अब तक युधिष्ठिर निकट आ चुके थे। वे सर्वप्रथम भीष्म के पास गए और उन्हें प्रणाम करते हुए बोले, ''पितामह! आपने सदा हमें अपने स्नेह से अनुगृहीत किया है। जीवन का प्रत्येक कार्य आरंभ करने से पूर्व हमें अपने आशीष और शुभकामनाएँ दी हैं। फिर भला आपकी आज्ञा और आशीर्वाद के बिना हम यह युद्ध कैसे आरंभ कर सकते हैं! इसलिए हे तात! हम पर कृपा करें।''

भीष्म की आँखें नम हो आईं। वे आशीर्वाद देते हुए बोले, ''वत्स! प्रतिज्ञा में बँधे होने के कारण मुझे अधर्म का साथ देना पड़ रहा है। किंतु मेरा आशीर्वाद तुम्हारे साथ है। निस्संदेह युद्ध में तुम्हारी विजय होगी।''

इसके बाद युधिष्ठिर द्रोणाचार्य के पास गए और उन्हें प्रणाम करते हुए बोले, ''गुरुवर! आपने हमें अस्त्र-शस्त्र का संपूर्ण ज्ञान प्रदान किया। आपके कारण ही हम पूर्ण विश्वास और निडरता के साथ रणभूमि में खड़े हैं। दुर्भाग्यवश आज आपकी दी गई शिक्षा का प्रयोग हमें आपके विरुद्ध करना है। गुरुवर! अस्त्र-शस्त्र धारण करने से पूर्व शिष्य गुरु का आशीर्वाद प्राप्त करता है। इसलिए आशीर्वाद दें, आपसे युद्ध करते समय हमारे हाथ कंपित न हों।''

द्रोणाचार्य बोले, ''युधिष्ठिर! तुम जैसा धर्मराज संसार में न हुआ है, न कभी होगा। इस समय भी तुम शिष्य-धर्म का निष्ठापूर्वक पालन कर रहे हो। युधिष्ठिर! अस्त्र उठाओ और अपने युद्ध-कौशल से सभी को पराजित कर दो। मैं तुम्हें विजश्री का आशीर्वाद देता हूँ।''

तदनंतर युधिष्ठिर कुलगुरु कृपाचार्य और मामा शल्य का आशीर्वाद लेकर अपने स्थान पर लौट आए।

इस प्रकार विनम्रता और धर्मपालन से युधिष्ठिर ने अपनी विजय सुनिश्चित कर ली। □

# शर-शय्या

महाभारत का युद्ध प्रारंभ हो चुका था। पितामह भीष्म को इच्छा-मृत्यु का वरदान प्राप्त था। उन्हें पराजित करना किसी के लिए भी संभव नहीं था। यही सोचकर दुर्योधन ने उन्हें कौरवों का सेनापति नियुक्त किया था। प्रतिज्ञा में बँधे होने के कारण भीष्म कौरवों की ओर से युद्ध करने के लिए विवश थे। परंतु उन्होंने दुर्योधन के सामने दो शर्तें रखीं; पहली शर्त—वे पांडवों और शिखंडी का वध नहीं करेंगे; दूसरी शर्त—यदि कर्ण युद्ध में सम्मिलित हुआ तो वे स्वयं युद्ध से अलग हो जाएँगे। दुर्योधन ने उनकी दोनों शर्तें स्वीकार कर ली थीं।

भीष्म ने अपने पराक्रम और युद्ध-कौशल से पांडव सेना को बुरी तरह भयभीत कर दिया। वे सिंह की भाँति विचरण करते हुए उनका संहार करने लगे। उनके नेतृत्व में कौरवों का पक्ष सुदृढ़ होता जा रहा था। दुर्योधन को विजय सुनिश्चित लग रही थी। ऐसी स्थिति में श्रीकृष्ण अर्जुन का रथ हाँकते हुए भीष्म के सामने ले आए।

जिस अर्जुन को भीष्म ने गोद में खिलाया था, आज उन्हें उसी से युद्ध करना पड़ रहा था। दादा-पोते दोनों ने एक-दूसरे पर बाणों की वर्षा आरंभ कर

दी। कभी भीष्म अर्जुन के बाण काट देते तो कभी अर्जुन स्वयं को उनके वार से बचा जाते। देखते-ही-देखते भीष्म ने अर्जुन के समस्त शस्त्र काटकर उनके रथ को तोड़ दिया। अर्जुन हतोत्साहित हो गए। भीष्म ने अपने बाणों से श्रीकृष्ण को भी विचलित कर दिया। श्रीकृष्ण भी अपनी प्रतिज्ञा भूल गए और रथ का पहिया उठाकर उनकी ओर दौड़े। भीष्म ने धनुष-बाण नीचे रख दिए और हाथ जोड़कर बैठ गए। यह देखकर श्रीकृष्ण का क्रोध शांत हो गया। वे पुनः रथ पर जा बैठे।

भीष्म को पराजित किए बिना युद्ध में विजय असंभव थी। ऐसी स्थिति में श्रीकृष्ण के परामर्श पर पांडव भीष्म की शरण में गए और उनकी मृत्यु का रहस्य पूछा।

अधर्म का साथ देते-देते भीष्म भी टूट चुके थे। वे पांडवों को अपनी मृत्यु का रहस्य बताते हुए बोले, ''वत्स! द्रुपद-पुत्र शिखंडी ही मेरी मृत्यु का कारण बनेगा। पूर्वजन्म में वह काशी-नरेश की पुत्री अंबा थी। उसने भगवान् शिव से वरदान प्राप्त किया था कि वह मेरी मृत्यु का कारण बनेगी। मैंने शिखंडी के विरुद्ध अस्त्र न उठाने की प्रतिज्ञा की है। तुम इस प्रतिज्ञा का लाभ उठा सकते हो।''

भीष्म की बातों में छिपा संकेत पांडव समझ गए थे। उन्हें प्रणाम कर वे अपने शिविर में लौट आए।

अगले दिन अर्जुन ने शिखंडी को अपने रथ पर बिठाया और भीष्म से युद्ध करने चल दिए। शिखंडी को देखकर भीष्म ने शस्त्रास्त्र एक ओर रख दिए। तब शिखंडी की आड़ से अर्जुन ने बाणों की वर्षा आरंभ कर दी। असंख्य बाण भीष्म को भेदते हुए आर-पार निकल गए। उनका पूरा शरीर बाणों से छलनी हो गया। वे भूमि पर गिर पड़े।

परंतु उन्हें इच्छा-मृत्यु का वरदान प्राप्त था, इसलिए शर-शय्या पर होने के बाद भी वे जीवित रहे। उन्होंने महाभारत युद्ध के उपरांत सूर्य के उत्तरायण होने पर ही प्राण त्यागे।

इस प्रकार धर्म की रक्षा हेतु पितामह भीष्म ने स्वयं मृत्यु का वरण कर लिया। □

# चक्रव्यूह में छल

यह घटना उस समय की है जब द्रोणाचार्य कौरव सेना के सेनापति नियुक्त हुए थे। उन्होंने पांडवों को पराजित करने की प्रतिज्ञा की थी। द्रोणाचार्य युद्ध की गूढ़ और दुर्लभ कलाओं के ज्ञाता थे, इसलिए उन्होंने सात द्वारोंवाले एक चक्रव्यूह की रचना की। इस चक्रव्यूह का भेदन केवल अर्जुन ही जानते थे, इसलिए द्रोणाचार्य की आज्ञा से कुछ योद्धा उन्हें ललकारते हुए रणभूमि से दूर ले गए। उनकी अनुपस्थिति में पांडव संकट में पड़ गए। उनमें से कोई भी व्यूह-भेदन नहीं जानता था।

ऐसी विकट स्थिति में अर्जुन-पुत्र अभिमन्यु उन्हें ढाढ़स बँधाते हुए बोला, ''तात, आप निश्चिंत रहें। मैं चक्रव्यूह भेदन जानता हूँ। जब मैं माता के गर्भ में था, उन दिनों पिताश्री ने उन्हें चक्रव्यूह भेदन की विधि बताई थी। तब मैं भी उस विधि को सुन रहा था। आप मुझे युद्ध में जाने की आज्ञा दीजिए।''

यद्यपि युधिष्ठिर उसे युद्ध में भेजना नहीं चाहते थे, तथापि सम्मुख संकट को देखते हुए उन्होंने आज्ञा दे दी। वे स्वयं भी भीम, नकुल और सहदेव को लेकर अभिमन्यु के साथ रणभूमि की ओर चल पड़े।

एक सुकुमार को पांडव सेना का नेतृत्व करते देखकर कौरव परिहास करने लगे। दुर्योधन हँसते हुए बोला, ''पांडवों के पक्ष में वीरों की कमी हो गई है, इसलिए एक छोटे से बालक को आगे कर युद्ध करने आए हैं। जिसे

अभी ठीक से धनुष पकड़ना भी नहीं आता, वह भला हमारा सामना क्या करेगा! इस बालक के साथ-साथ पांडवों की मति भी भ्रष्ट हो गई है।''

रणभेरी बज उठी; युद्ध आरंभ हो गया। जिस अभिमन्यु को देखकर कौरव परिहास कर रहे थे, उसने पल भर में ही कौरव-सेना में हाहाकार मचा दिया। चक्रव्यूह के प्रथम द्वार पर जयद्रथ खड़ा था। वह अभिमन्यु के सामने आया, परंतु अभिमन्यु साक्षात् अर्जुन के समान दिखाई दे रहा था। उसका धनुष गांडीव के समान बाणों की वर्षा कर रहा था। वह जयद्रथ की सेना को रौंदता हुआ चक्रव्यूह में प्रवेश कर गया। पांडवों ने भी उसके पीछे व्यूह में प्रवेश करने का प्रयास किया। परंतु जयद्रथ ने उन्हें द्वार पर ही रोक लिया। उसे भगवान् शिव से वरदान प्राप्त था, इसलिए पांडव असहाय हो गए।

दूसरे द्वार पर स्वयं द्रोणाचार्य खड़े थे। उन्होंने अभिमन्यु को रोकने का बहुत प्रयास किया, किंतु उनका समस्त युद्ध-कौशल उसके समक्ष बिखर गया। अभिमन्यु ने दूसरा द्वार भी पार कर लिया।

इस प्रकार एक-एक कर अभिमन्यु छह द्वारों को भेदता हुआ सातवें द्वार तक पहुँच गया। उसके पराक्रम को देखकर दुर्योधन विचलित हो गया। उसे अपनी पराजय स्पष्ट दिखाई देने लगी। इसलिए सातवें द्वार पर दुर्योधन, द्रोणाचार्य, जयद्रथ, कर्ण आदि सात महारथियों ने एक साथ अभिमन्यु पर आक्रमण कर दिया।

अभिमन्यु ने वीरतापूर्वक उनका सामना किया। ऐसा लगने लगा मानो वह अकेला ही उन सात महारथियों का सर्वनाश कर देगा। एकाएक दुर्योधन ने छलपूर्वक अभिमन्यु पर पीछे से वार किया। सोलह वर्ष का किशोर लड़खड़ाकर भूमि पर गिर पड़ा। तत्पश्चात् जयद्रथ ने उसका वध कर डाला।

अभिमन्यु के वध का समाचार सुनकर पांडव सकते में आ गए। युधिष्ठिर विलाप करते हुए स्वयं को दोषी ठहराने लगे।

अभिमन्यु-वध को महाभारत युद्ध की सबसे शर्मनाक घटना कहा जाता है।

□

# अश्वत्थामा मारा गया!

भीष्म पितामह के बाद कौरवों का सेनापति किसे बनाया जाए, दुर्योधन इसी चिंता में था। यद्यपि उसके पक्ष में एक से बढ़कर एक वीर थे, किंतु वह किसी ऐसे व्यक्ति को सेनापति बनाना चाहता था, जिसके सामने पांडव निस्सहाय हो जाएँ।

तब कर्ण ने उससे कहा, ''मित्र! पितामह भीष्म के बाद यदि कोई सेनापति बनने के योग्य है तो वे मात्र द्रोणाचार्य हैं। उन्होंने पांडवों को अस्त्र-शस्त्रों की शिक्षा दी है। वे उनकी कमियों को भली-भाँति जानते होंगे। उनके नेतृत्व में कौरवों की विजय निश्चित है।''

दुर्योधन को कर्ण का परामर्श उचित लगा और उसने उसी समय द्रोणाचार्य को कौरव सेना का सेनापति नियुक्त कर दिया।

भीष्म के समान द्रोणाचार्य ने भी परशुराम से धनुर्विद्या सीखी थी।

इसलिए वे उन्हीं के समान पराक्रमी और अस्त्र-संचालन में निपुण थे। उन्होंने युद्ध में ऐसा रौद्र रूप दिखाया कि पांडव सेना पीछे हटने को विवश हो गई। जो भी उनके सामने आता, वे उसे काल का ग्रास बना देते। ऐसी विकट स्थिति में अर्जुन ने मोरचा सँभाला। लेकिन वे भी उनके सामने असहाय दिखाई दिए। कुछ ही दिनों में द्रोणाचार्य ने सहस्त्रों वीरों को मौत के घाट उतार दिया।

जब द्रोणाचार्य को रोकने का कोई उपाय नहीं सूझा तो श्रीकृष्ण ने एक योजना बनाई और भीम को उसमें सम्मिलित कर लिया।

अगले दिन पुनः युद्ध आरंभ हुआ। द्रोणाचार्य रथ पर आरूढ़ होकर पांडव सेना का संहार करने लगे। उनके बाण आग उगल रहे थे। लग रहा था मानो आज युद्ध का निर्णय हो जाएगा। योजनानुसार अर्जुन उनके सामने आकर युद्ध करने लगे। इधर भीम ने अश्वत्थामा को युद्ध के लिए ललकारा। दोनों में भयंकर युद्ध आरंभ हो गया। अश्वत्थामा ने बाणों की वर्षा करके भीम को विचलित कर दिया। भीम रथ से उतरे और गदा के एक प्रहार से अश्वत्थामा को रथ सहित रणभूमि से दूर फेंक दिया। तत्पश्चात् वे एक हाथी के पास आए। उस हाथी का नाम भी 'अश्वत्थामा' था। उन्होंने हाथी को धराशायी कर दिया और प्रसन्नतापूर्वक चिल्लाने लगे, ''अश्वत्थामा मारा गया!''

भीम का उद्घोष द्रोणाचार्य के कानों में पड़ा। पल भर के लिए वे हतप्रभ रह गए। उन्हें अश्वत्थामा की मृत्यु पर विश्वास नहीं हो पा रहा था। तभी उन्हें सामने से युधिष्ठिर आते दिखाई दिए। सच जानने के लिए द्रोण ने रथ उनकी ओर मोड़ दिया।

उन्हें आते देख श्रीकृष्ण युधिष्ठिर से बोले, ''भ्राताश्री! द्रोणाचार्य सत्य जानने के लिए इसी ओर आ रहे हैं। यदि वे आपसे अश्वत्थामा की मृत्यु के बारे में पूछें तो आप उनकी बात का समर्थन करें।''

अब तक द्रोणाचार्य निकट आ चुके थे। उन्होंने युधिष्ठिर से सत्य बताने के लिए कहा। युधिष्ठिर धर्म-संकट में पड़ गए। कैसी विचित्र अग्निपरीक्षा थी—एक ओर पांडवों का कल्याण था तो दूसरी ओर उनका धर्म। वे हिचकिचाते हुए बोले, ''गुरुवर! अश्वत्थामा मारा गया है; किंतु नर नहीं, गज।''

श्रीकृष्ण जानते थे कि युधिष्ठिर अधर्म और असत्य का कभी साथ नहीं देंगे। इसलिए उन्होंने शंखनाद कर दिया। 'अश्वत्थामा मारा गया है'–द्रोणाचार्य को केवल इतना ही सुनाई दिया। पुत्र-वियोग से उनका हृदय भर आया। उन्होंने उसी समय शस्त्रों का त्याग कर दिया और भूमि पर बैठकर समाधिस्थ हो गए। उपयुक्त अवसर देखकर द्रुपद-पुत्र धृष्टद्युम्न ने तलवार से उनका मस्तक काट लिया।

कहते हैं, सत्य-परायणता के प्रभाव के कारण युधिष्ठिर का रथ पृथ्वी से चार अंगुल ऊपर रहता था, परंतु इस घटना के बाद से उनकी सत्यता का प्रभाव क्षीण हो गया और उनका रथ अन्य रथों की भाँति भूमि पर चलने लगा। □

# जयद्रथ का वध

संध्या-समय जब अर्जुन अपने शिविर में लौटे तो उन्हें विलाप सुनाई दिया। अनहोनी की आशंका से उनका मन काँप उठा। वे शीघ्रता से उस ओर चल दिए। जैसे ही उन्होंने शिविर में प्रवेश किया, मानो आसमान टूट पड़ा। सामने अभिमन्यु का शव क्षत-विक्षत अवस्था में पड़ा था। निकट ही युधिष्ठिर विलाप कर रहे थे। नकुल ने द्रोणाचार्य द्वारा चक्रव्यूह रचने और जयद्रथ द्वारा अभिमन्यु-वध की बात बताई। पुत्र की निर्मम हत्या से अर्जुन क्रोधित हो उठे और प्रतिज्ञा करते हुए बोले, ''यदि कल सूर्यास्त तक मैंने जयद्रथ का मस्तक नहीं काटा तो आत्मदाह कर लूँगा!''

जयद्रथ ने प्रतिज्ञा के बारे में सुना तो उसके प्राण मुँह को आ गए। वह शीघ्रता से दुर्योधन के पास गया और युद्ध से विरत होकर सिंधु देश लौटने की आज्ञा माँगी। दुर्योधन उसे साहस बँधाते हुए बोला, ''मित्र! तुम चिंता मत करो।

कल संपूर्ण कौरव सेना तुम्हारी रक्षा करेगी। अर्जुन तुम तक पहुँच नहीं सकेगा और विवश होकर उसे आत्मदाह करना पड़ेगा। इस प्रकार हमारा सबसे बड़ा काँटा स्वत: मार्ग से हट जाएगा।''

आश्वासन पाकर जयद्रथ संतुष्ट हो गया।

अगले दिन अर्जुन रथ पर आरूढ़ होकर श्रीकृष्ण से बोले, ''हे केशव! आपको मेरी प्रतिज्ञा की लाज रखनी है। मुझे शीघ्र जयद्रथ के पास ले चलिए। मेरे बाण उसका मस्तक काटने को आतुर हैं। आज जो भी मेरे सामने आएगा, काल का ग्रास बन जाएगा।''

श्रीकृष्ण रथ को हाँकते हुए कौरव सेना के बीच ले आए। अर्जुन आँखों में अंगारे भरकर जयद्रथ को ढूँढ़ रहे थे। दुर्योधन, कर्ण और द्रोणाचार्य ने एक-एक कर उनका मार्ग रोकने का प्रयास किया; परंतु आज उन्हें रोकना किसी के वश में नहीं था। गांडीव से निकले बाण उनके मार्ग की प्रत्येक बाधा को हटाते जा रहे थे। उन्होंने बाण-वर्षा करके कौरव सेना को पीछे हटने के लिए विवश कर दिया।

दिन ढलता जा रहा था, परंतु जयद्रथ का कहीं पता न था। अर्जुन पूरी शक्ति लगाकर भी उसे ढूँढ़ नहीं पाए। वे निराश होकर श्रीकृष्ण की ओर देखने लगे। तब भक्त की लाज रखने हेतु श्रीकृष्ण ने लीला रच डाली। देखते-ही-देखते चारों ओर घना अंधकार छा गया।

कौरवों की प्रसन्नता का ठिकाना न रहा। 'अब अर्जुन आत्मदाह कर लेगा', यह सोचकर वे खुशियाँ मनाने लगे। दुर्योधन जयद्रथ को साथ लेकर अर्जुन के सामने आ गया और परिहास करते हुए बोला, ''मित्र जयद्रथ! तुम्हें मारने की प्रतिज्ञा करनेवाला तुम्हारे सम्मुख ही आत्मदाह करेगा। ऐसा दृश्य आज तक किसी ने नहीं देखा होगा।''

सहसा श्रीकृष्ण गरजते हुए बोले, ''देख क्या रहे हो पार्थ? शत्रु सामने खड़ा है। उठाओ गांडीव और इस पापी का मस्तक काटकर अपनी प्रतिज्ञा पूर्ण करो। देखो, अभी सूर्य छिपा नहीं है।'' ऐसा कहते ही सूर्य बादलों में से निकल आया। चारों ओर तेज प्रकाश फैल गया। जयद्रथ भयभीत होकर भागने लगा।

अर्जुन ने गांडीव पर बाण चढ़ा लिया।

श्रीकृष्ण ने अर्जुन को उस वरदान के विषय में बताया, जो वृद्धक्षत्र ने अपने पुत्र जयद्रथ को दिया था। अर्जुन ने जयद्रथ की ओर बाण छोड़ दिया। बाण ने जयद्रथ का मस्तक काटकर तप में लीन वृद्धक्षत्र की गोद में डाल दिया। वृद्धक्षत्र ने चौंककर सिर को भूमि पर गिरा दिया। वरदान के फलस्वरूप उनका मस्तक भी सौ टुकड़ों में बँट गया।

इस प्रकार जयद्रथ का वध करके अर्जुन ने अपनी प्रतिज्ञा पूर्ण की। □

# कर्ण का अंत

द्रोणाचार्य की मृत्यु के बाद दुर्योधन ने कर्ण को कौरव सेना का सेनापति नियुक्त किया। कर्ण का लालन-पालन हस्तिनापुर के राजकीय सारथि अधिरथ ने किया था। इसलिए उसे 'सूतपुत्र' भी कहा जाता था। दुर्योधन ने कर्ण से मित्रता कर उसे अंगदेश का राजा घोषित कर दिया था। इसी मित्रता का ऋण चुकाने के लिए कर्ण दुर्योधन की ओर से युद्ध कर रहा था।

कर्ण अत्यंत पराक्रमी, तेजस्वी और अर्जुन के समान श्रेष्ठ धनुर्धर था। जन्म से ही उसके शरीर पर दिव्य कुंडल और कवच सुशोभित थे, जो उसके आकार के अनुरूप बढ़ते थे। इनके रहते कर्ण को पराजित करना असंभव था।

युद्ध में कर्ण ने अद्‌भुत वीरता का परिचय दिया। उसके बाणों ने पांडव सेना को विचलित कर दिया। उसके समक्ष भीम, नकुल और सहदेव पराजित होकर लौट गए। तब कर्ण का सामना करने अर्जुन आगे आए। लेकिन कर्ण पर उनके बाणों का कोई प्रभाव नहीं पड़ा। उसने अर्जुन को भी पीछे हटने के लिए

विवश कर दिया। लड़ते-लड़ते संध्या हो गई और सभी योद्धा अपने-अपने शिविरों में लौट गए।

कर्ण-अर्जुन के युद्ध को देवराज इंद्र बड़ी गंभीरता से देख रहे थे। कर्ण के सम्मुख अर्जुन को विवश देखकर वे चिंतित हो गए। वे जानते थे कि जब तक कर्ण के दिव्य कुंडल और कवच उसके शरीर पर हैं, तब तक उसे मारना असंभव है। इसलिए उन्होंने उन्हें प्राप्त करने की योजना बनाई।

कर्ण प्रतिदिन स्नान के बाद ब्राह्मणों को दान देता था। अगले दिन जब वह स्नान से निवृत्त हुआ तो इंद्र ब्राह्मण का वेश बनाकर उपस्थित हुए और कर्ण से दान में दिव्य कुंडल और कवच माँग लिये। यद्यपि सूर्यदेव ने कर्ण को इसके विषय में बता दिया था, तथापि द्वार पर आए याचक को लौटाना कर्ण को स्वीकार नहीं था। उसने इंद्र को मनोवांछित दान दे दिया।

कर्ण की दानवीरता से इंद्र बड़े प्रसन्न हुए और वास्तविक रूप में आकर उससे वरदान माँगने को कहा। कर्ण हाथ जोड़कर बोला, "भगवन्! यदि आप प्रसन्न हैं तो मुझे इंद्रास्त्र प्रदान करें।"

इंद्र उसे इंद्रास्त्र देते हुए बोले, "कर्ण! तुम इस अस्त्र का केवल एक ही बार प्रयोग कर सकते हो। उसके बाद यह मेरे पास लौट आएगा।" तदनंतर वे अदृश्य हो गए।

कर्ण ने वह अस्त्र अर्जुन को मारने के लिए रख लिया।

'कर्ण के पास इंद्रास्त्र है', यह बात श्रीकृष्ण को ज्ञात थी। उन्होंने पांडवों को भी इस बात से अवगत करा दिया। इंद्रास्त्र अपने लक्ष्य को भेदे बिना कभी वापस नहीं लौटता। यदि कर्ण ने उसका प्रयोग अर्जुन पर कर दिया तो उनकी मृत्यु निश्चित है। पांडव इससे बचने का उपाय पूछने लगे।

अगले दिन श्रीकृष्ण ने भीम-पुत्र घटोत्कच को युद्ध करने रणभूमि में भेजा। घटोत्कच अत्यंत विशालकाय और शक्तिशाली था। उसे देखकर कौरव सेना में भगदड़ मच गई। देखते-ही-देखते उसने हजारों सैनिकों को अपने पैरों तले कुचल डाला। इस विनाश को देखकर कर्ण उसका सामना करने आया। लेकिन घटोत्कच ने उसे भी नाकों चने चबवा दिए। अंततः विवश होकर कर्ण

को इंद्रास्त्र का प्रयोग करना पड़ा। इंद्रास्त्र ने घटोत्कच के प्राण हर लिये और इंद्र के पास लौट गया।

घटोत्कच की मृत्यु से पांडव शोकग्रस्त हो गए। अभिमन्यु-वध के बाद उन्हें यह दूसरा सबसे बड़ा आघात लगा था। श्रीकृष्ण ने सांत्वना देकर उन्हें पुनः युद्ध के लिए प्रेरित किया। इस बार अर्जुन ने कर्ण को युद्ध के लिए ललकारा। दोनों में भयंकर युद्ध छिड़ गया। उनके धनुष से निकलनेवाले बाण भयंकर ज्वालाएँ उत्पन्न करने लगे। सहसा कर्ण का रथ एक गड्ढे में फँस गया। कर्ण ने धनुष एक ओर रख दिया और उसे निकालने के लिए रथ से नीचे उतर आया। तब श्रीकृष्ण के कहने पर अर्जुन ने बाण मारकर उसका वध कर दिया।

चारों ओर अर्जुन की जय-जयकार होने लगी। कौरव सेना भयभीत होकर भाग खड़ी हुई।

□

# दानवीर कर्ण

पांडवों के शिविर में खुशियाँ मनाई जा रही थीं; आज अर्जुन ने अपने सबसे बड़े प्रतिद्वंद्वी को मार दिया था। पांडवों को अपनी विजय सुनिश्चित लग रही थी। सभी अर्जुन की प्रशंसा के पुल बाँध रहे थे। इसी बीच वे गर्व में भरकर बोले, ''संसार में श्रेष्ठ धनुर्धर केवल मैं हूँ। कर्ण को मारकर मैंने यह बात सिद्ध कर दी है। एक सूतपुत्र होकर उसने अपनी तुलना मेरे साथ करने की चेष्टा की थी, उसने इसी का परिणाम भुगता है।''

श्रीकृष्ण भी इस गर्वोक्ति को सुन रहे थे। वे उपेक्षित स्वर में बोले, ''अर्जुन! भले ही तुमने कर्ण को पराजित कर दिया है, किंतु तुम्हारी इस विजय का श्रेय कर्ण को ही जाता है। उसने सबकुछ जानते हुए भी अपने दिव्य कुंडल-कवच देवराज इंद्र को दान में दे दिए। निस्संदेह कर्ण जैसा परमवीर और महादानी इस संसार में न हुआ और न ही होगा। ऐसे योद्धा को मैं शत-शत नमन

करता हूँ।''

''यह आप क्या कह रहे हैं, केशव? संसार में ऐसा कोई भी प्राणी नहीं है, जो स्वयं मृत्यु का वरण करे। आपको अवश्य कोई भूल हुई है। कर्ण जैसा पापी, दुष्ट और नीच इतना महान् नहीं हो सकता।'' अर्जुन ने प्रतिरोध किया।

श्रीकृष्ण बोले, ''पार्थ! कर्ण अभी भी रणभूमि में घायल पड़ा है। यदि तुम उसकी महानता की परीक्षा लेना चाहते हो तो मेरे साथ चलो। मैं तुम्हें उसके वास्तविक रूप के दर्शन कराऊँगा।''

जिज्ञासावश अर्जुन उसी समय कर्ण के पास जाने को तैयार हो गए।

उन्होंने ब्राह्मण का वेश धारण किया और घायल कर्ण के पास पहुँच गए। कर्ण का शरीर रक्त से नहाया हुआ था। वह अंतिम साँसें गिन रहा था।

श्रीकृष्ण कर्ण के निकट गए और विनम्र स्वर में बोले, ''अंगराज कर्ण! हमने तुम्हारी दानवीरता के विषय में बहुत कुछ सुना है। तुम ब्राह्मणों को दान देकर संतुष्ट करते हो, इसी आशा में हम तुम्हारे पास आए हैं। कृपया दान देकर हमें संतुष्ट करें।''

कर्ण ने आँखें खोलीं और पीड़ा से कराहते हुए बोला, ''हे ब्राह्मणदेव! इस समय मैं घायल पड़ा मृत्यु की प्रतीक्षा कर रहा हूँ। मेरे पास आपको देने के लिए कुछ भी नहीं है।''

''ठीक है, कर्ण! यदि तुम हमें रिक्त हाथ लौटाना चाहते हो तो यही सही। किंतु याद रखना, तुम्हारी कीर्ति इस कर्म से धूमिल हो जाएगी। आनेवाला समय तुम्हें अधर्मी के नाम से याद करेगा।'' यह कहकर वे जाने को उद्यत हुए।

तभी कर्ण को याद आया कि उसके दो दाँत स्वर्णजड़ित हैं। उसने पत्थर से अपने दाँत तोड़े और उन्हें देते हुए बोला, ''ब्राह्मणदेव! मृत्यु के बाद मैं अधर्मी नहीं कहलाना चाहता हूँ। कृपया यह दान स्वीकार करें।''

श्रीकृष्ण थोड़े रुष्ट होकर बोले, ''तुम्हारे दाँत रक्त से सने हुए हैं। हम यह अपवित्र दान स्वीकार नहीं करेंगे। इन्हें शुद्ध करके दो।''

कर्ण ने सारी शक्ति एकत्रित कर धनुष उठाया और बाण चढ़ाकर उसे पृथ्वी में मारा। बाण लगते ही वहाँ से जल की एक धारा फूट पड़ी। उसने दाँतों

को अच्छी तरह धोया और उन्हें ब्राह्मणों को सौंप दिया।

कर्ण की दानवीरता देखकर देवगण उस पर पुष्प-वर्षा करने लगे। तब श्रीकृष्ण अपना परिचय देते हुए बोले, ''कर्ण! तुमने संसार में अपनी श्रेष्ठता सिद्ध कर दी है। तुम्हारी दानवीरता को युगों-युगों तक याद रखा जाएगा। मृत्यु उपरांत तुम्हें मेरा परम धाम प्राप्त होगा।'' अर्जुन को अपनी भूल का एहसास हो गया था। उन्होंने कर्ण के सम्मान में अपना सिर झुका दिया।

□

# शल्य का वध

युद्ध में कर्ण की मृत्यु के पश्चात् कौरव सेना का संचालन राजा शल्य को सौंपा गया। राजा शल्य द्रोण तथा भीष्म के समान पराक्रमी थे। वे कौरवों और पांडवों के मामा भी थे।

उन्होंने सर्वतोभद्र नामक व्यूह बनाकर पांडवों पर धावा बोला। उस समय उनके साथ मद्रदेश के वीर तथा कर्ण के अजेय पुत्र भी थे। उनके एक ओर सेना से घिरा कृतवर्मा था। दूसरी ओर कृपाचार्य थे। आगे विशाल सेना के साथ अश्वत्थामा था और मध्य भाग में दुर्योधन।

उधर, पांडवों ने भी मोर्चाबंदी कर रखी थी। उनकी सेना को तीन भागों में बाँटा गया था, जिसका नेतृत्व धृष्टद्युम्न, शिखंडी और सात्यकि कर रहे थे। इन्होंने शल्य की सेना पर धावा बोल दिया। अर्जुन ने कृतवर्मा को घेरा, नकुल-सहदेव ने शकुनि और उलूक पर आक्रमण किया। युधिष्ठिर मामा शल्य से जा भिड़े।

इस दिन युद्धभूमि में कौरवों के पक्ष में ग्यारह हजार रथ, दस हजार सात सौ हाथी, दो लाख घोड़े और तीन करोड़ पैदल सैनिक थे; वहीं पांडवों के पक्ष में छह हजार रथ, छह हजार हाथी, दस हजार घोड़े तथा एक करोड़ पैदल सैनिक थे।

दोनों सेनाओं में भयंकर युद्ध छिड़ा हुआ था। पांडवों के भीषण वार से शत्रु सेना में खलबली मच गई थी। कौरव सेनापति शल्य भी अपने पूर्ण पराक्रम से युद्धरत थे।

इसी बीच नकुल ने अपने अति पराक्रम का प्रदर्शन करते हुए कर्ण के तीनों वीर पुत्रों–चित्रसेन, सुषेण और सत्यसेन का वध कर दिया। इससे कौरव सेना में भगदड़ मच गई। अपने सैनिकों को यों हताश देखकर मद्रराज शल्य ने सैकड़ों तीखे बाण चलाकर पांडव सेना का संहार आरंभ कर दिया। उन्होंने द्रौपदी के पुत्रों, नकुल, सहदेव, धृष्टद्युम्न, शिखंडी तथा सात्यकि को भी बाणों

से बींध दिया।

यह देखकर युधिष्ठिर ने तीक्ष्ण बाणों की वर्षा करके शल्य को आगे बढ़ने से रोक दिया। तब शल्य ने उनपर एक भयंकर बाण चलाया, जिससे युधिष्ठिर घायल हो गए। इससे भीम क्रुद्ध हो उठे। उन्होंने शल्य को सात बाण मारे। इसी प्रकार सहदेव ने पाँच और नकुल ने दस बाण मारकर उन्हें घायल कर दिया।

अपने सेनापति को संकटग्रस्त देखकर कृतवर्मा, कृपाचार्य, उलूक, शकुनि, अश्वत्थामा आदि कौरव वीर एकत्रित होकर उनकी रक्षा करने लगे। कृतवर्मा ने तीन बाण छोड़कर धृष्टद्युम्न एवं भीम को घायल कर डाला। शकुनि ने द्रौपदी पुत्रों का तथा अश्वत्थामा ने नकुल-सहदेव का सामना किया। दुर्योधन श्रीकृष्ण और अर्जुन का मुकाबला करने लगा। भीम ने शल्य के रथ के घोड़ों और सारथि को मार दिया। तब दोनों में गदा युद्ध होने लगा।

संसार में शल्य और बलराम के सिवा दूसरा कोई योद्धा नहीं था जो गदाधारी भीम का वेग सह सके। इसी प्रकार शल्य की गदा का वेग भी भीमसेन के सिवा दूसरा कोई नहीं सह सकता था। दोनों का अलौकिक गदा युद्ध होने लगा। दोनों ही लहुलूहान हो गए थे। सबकी साँसें मानो रुक गईं। तभी एक ही साथ दोनों भूमि पर गिर पड़े। यह देख दोनों पक्षों में कोहराम मच गया। कृपाचार्य अपने सेनापति शल्य को रथ में बिठाकर रणभूमि से बाहर ले गए। लेकिन भीम कुछ ही क्षणों में मूर्च्छा से जाग उठे और पुनः कौरव सेना को मसलने लगे।

सेनापति शल्य भी शीघ्र ही मोर्चे पर लौट आए। ऐसा लग रहा था मानो युद्ध का निर्णायक क्षण आ गया हो। सभी योद्धा परस्पर भीषण युद्ध कर रहे थे। अर्जुन और श्रीकृष्ण के शरीर भी तीरों से बिंध गए थे। अर्जुन ने अपने तीक्ष्ण बाणों से हजारों सैनिकों, रथों, हाथी, घोड़ों को यमलोक पहुँचा दिया था। अश्वत्थामा ने अर्जुन को रोकने के लिए उस पर लोहे का एक मूसल दे मारा, लेकिन अर्जुन ने बाणों से उसके सात टुकड़े कर दिए। इससे क्रुद्ध होकर अश्वत्थामा ने पांडव खेमे के एक महावीर सुरथ का वध कर डाला।

शल्य ने अद्‌भुत रण-कौशल दिखाते हुए सात्यकि, भीम, नकुल,

सहदेव, युधिष्ठिर आदि पांडव वीरों पर एक साथ सैकड़ों बाणों की वर्षा करके उन्हें भयंकर रूप से पीड़ित कर डाला। उनका रौद्र रूप देखकर पांडव सेना में हाहाकार मच गया था। इस स्थिति में युधिष्ठिर ने निश्चय किया कि अब मामा शल्य रहेंगे या वे। और 'विजय अथवा मृत्यु' की प्रतिज्ञा करके उन्होंने शल्य के ठीक सामने पहुँचकर मोर्चा सँभाल लिया।

दोनों महारथियों में घमासान युद्ध होने लगा। शल्य ने युधिष्ठिर को सौ बाण मारे और उनका धनुष भी काट दिया। तब युधिष्ठिर ने दूसरा धनुष लेकर शल्य को तीन सौ बाणों से बींध डाला। उनके सारथि को मौत के घाट उतार दिया और उनके रथ की ध्वजा काट दी। लेकिन शल्य ने बिना विचलित हुए सूर्य और अग्नि के समान तेजस्वी बाणों की वर्षा जारी रखी। उन्होंने पुनः युधिष्ठिर के धनुष के टुकड़े कर दिए।

तब महाराज युधिष्ठिर ने क्रोध से जलती हुई आँखों से शल्य को देखा और एक अचूक शक्ति का आह्वान किया। वह रत्नजटित, स्वर्णमय दंडवाली शक्ति थी, जिसे अभिमंत्रित करके युधिष्ठिर ने सेनापति शल्य पर चला दिया। शल्य कुछ कर पाते उससे पहले ही वह शक्ति उनके वक्ष को चीरती हुई धरती में समा गई और इसी के साथ महारथी शल्य कटे वृक्ष के समान धरती पर गिरकर निढाल हो गए।

अपने सेनापति का यह हश्र देखकर कौरव सेना के पाँव उखड़ गए। पांडव वीरों ने मौके का फायदा उठाकर हजारों सैनिकों को मौत के घाट उतार दिया और इस प्रकार कौरवों के एक और सेनापति का अंत हो गया।

□

# दुर्योधन का वध

पितामह भीष्म, द्रोणाचार्य, कर्ण, शल्य, जयद्रथ, शकुनि–सभी एक-एक कर पांडवों के हाथों मारे गए। अब दुर्योधन अकेला रह गया था। उसके सभी भाई युद्ध की भेंट चढ़ गए थे। इधर गांधारी भी पुत्रों की मृत्यु से दुःखी थी। एक दिन उसे भीम की प्रतिज्ञा याद आ गई, जो उन्होंने द्रौपदी के अपमान से पीड़ित होकर हस्तिनापुर की सभा में की थी। 'मैं दुर्योधन की जंघा को अपनी गदा से तोड़ दूँगा!' भीम की यह प्रतिज्ञा बार-बार गांधारी के कानों में गूँज रही थी। उसके पुत्रों में केवल दुर्योधन ही जीवित बचा था। अतएव उसे बचाने का निश्चय कर वह कुरुक्षेत्र पहुँची।

माता को रणभूमि में देख दुर्योधन विस्मित रह गया। वह गांधारी को अपने शिविर में ले आया। एकांत पाकर गांधारी बोली, "वत्स! मेरे जीवन का संपूर्ण पतिव्रत-तेज और पुण्य मेरी आँखों में एकत्र है। मैं केवल एक बार तुम्हें

देखना चाहती हूँ। इसके तेज से तुम्हारा शरीर वज्र के समान कठोर हो जाएगा। इसलिए तुम स्नान करके पूर्ण नग्न अवस्था में मेरे पास आओ।''

दुर्योधन उसी समय नदी-तट पर गया और स्नान कर नग्नावस्था में शिविर की ओर चल दिया।

श्रीकृष्ण को गांधारी के रणभूमि में आने का प्रयोजन ज्ञात हो गया था। अतएव उन्होंने मार्ग में ही दुर्योधन को रोक लिया और हँसते हुए बोले, ''दुर्योधन! इस प्रकार नग्न होकर माता के सामने जाते हुए तुम्हें लज्जा नहीं आती? क्या यह तुम्हें शोभा देता है?''

दुर्योधन उनकी बातों में आ गया। उसने कमर के आस-पास केले के पत्ते बाँध लिये और माता गांधारी के सम्मुख पहुँच गया। गांधारी ने अपनी पट्टी खोलकर उसपर दृष्टिपात किया। उसकी आँखों से निकलनेवाले तेज से दुर्योधन का शरीर वज्र के समान कठोर हो गया। परंतु जंघा का भाग ढका होने के कारण वह पहले के समान ही रहा।

गांधारी ने जब यह देखा तो क्रोधित होकर बोली, ''दुर्योधन! यह क्या किया तुमने? मैंने तुम्हें पूर्ण नग्न होकर आने को कहा था। तुमने मेरी आज्ञा की अवहेलना कर स्वयं को संकट में डाल लिया है।''

दुर्योधन समझ गया कि श्रीकृष्ण ने उससे छल किया है। वह उसी समय निकट के एक सरोवर में जाकर छिप गया।

दुर्योधन को परास्त किए बिना पांडवों की विजय अधूरी थी, अतः वे उसे ढूँढ़ने लगे। अंततः एक गुप्तचर ने उसके सरोवर में छिपे होने की सूचना दी। पांडव श्रीकृष्ण को साथ लेकर सरोवर के तट पर पहुँचे और उसे युद्ध के लिए ललकारने लगे। ललकार सुनकर दुर्योधन से रहा नहीं गया और वह गदा लेकर सरोवर से बाहर निकल आया।

युधिष्ठिर की आज्ञा से भीम उसके साथ गदा-युद्ध करने लगे। दोनों वीर गदा-युद्ध में प्रवीण थे। कौन विजयी होगा? इसका पता लगाना असंभव था। भीम ने कई बार दुर्योधन पर गदा से प्रहार किया, किंतु उसका शरीर वज्र का हो गया था। इसलिए उन प्रहारों का उस पर कोई असर नहीं हुआ।

युद्ध का कोई परिणाम निकलता न देख श्रीकृष्ण ने जंघा पर हाथ मारते हुए भीम को उनकी प्रतिज्ञा याद दिलाई। भीम उनका संकेत समझ गए। उन्होंने पूरी शक्ति एकत्रित की और दुर्योधन की जंघा पर गदा से प्रहार किया। पीड़ा से कराहता हुआ दुर्योधन भूमि पर गिर पड़ा और अंतिम साँसें लेने लगा।

इस प्रकार, दुर्योधन की पराजय के साथ ही महाभारत का यह युद्ध पांडवों ने जीत लिया।

□

# स्त्री जाति को शाप

चारों ओर अँधेरा व्याप्त था। सरोवर-तट पर दुर्योधन मृतप्राय पड़ा था। रह-रहकर उसे अपने प्रिय बंधु-बांधव याद आ रहे थे। पांडवों ने एक-एक कर उनका वध कर दिया था, यह बात उसे कचोट रही थी। सहसा उसे कुछ कदमों की आहट सुनाई दी। उसने नेत्र खोले तो सामने कृपाचार्य, अश्वत्थामा और कृतवर्मा खड़े थे। दुर्योधन की दुर्दशा देखकर अश्वत्थामा क्रोधित होकर बोला, ''मित्र! जिन पांडवों ने तुम्हारी यह दुर्दशा की है, मैं उन्हें जीवित नहीं छोड़ूँगा। उनकी मृत्यु मेरे हाथों लिखी है। मैं अभी उनके मस्तक काटकर तुम्हारे चरणों में लाकर रख दूँगा।''

इसके बाद अश्वत्थामा पांडवों के शिविर की ओर चल दिया। कृपाचार्य ने उसे रोकने का बहुत प्रयास किया, परंतु प्रतिशोध की आग ने उसके सोचने-समझने की शक्ति नष्ट कर दी थी। पांडव पक्ष के सैनिक गहरी नींद में

सोए हुए थे। इस अवसर का लाभ उठाकर उसने धृष्टद्युम्न और शिखंडी सहित अनेक पांडव योद्धाओं को मौत के घाट उतार दिया। तदनंतर वह पांडवों के शिविर में घुस गया।

दैववश उस समय पांडव और द्रौपदी वहाँ नहीं थे। उनके स्थान पर द्रौपदी के पाँच पुत्र सो रहे थे। क्रोध में भरकर अश्वत्थामा ने उनके मस्तक काट दिए और दुर्योधन को इसकी सूचना दी। दुर्योधन ने प्रसन्नतापूर्वक प्राण त्याग दिए।

प्रातः लौटने पर पांडवों को इस घटना के बारे में पता चला तो वे क्रोध से भर उठे। अर्जुन ने गांडीव उठाया और अश्वत्थामा को बंदी बनाकर ले लाए। भीम अश्वत्थामा को मारने को उद्यत हो रहे थे, लेकिन द्रौपदी उन्हें रोकते हुए बोली, ''वीरवर! अश्वत्थामा आपके गुरु के पुत्र हैं। इनका वध गुरु-हत्या के समान है। मैं इनका अपराध क्षमा करती हूँ। आप भी इन्हें क्षमा कर दें।''

अश्वत्थामा के मस्तक में जन्म से ही एक मणि सुशोभित थी। इस मणि में उसका संपूर्ण ब्रह्मतेज समाहित था। श्रीकृष्ण ने उसकी मणि निकाल ली और शाप देते हुए बोले, ''अश्वत्थामा! तुम्हारे मस्तक का घाव सदैव हरा रहेगा। इससे निकलनेवाला रक्त तुम्हें तुम्हारे पापों की याद दिलाता रहेगा।'' इसके बाद उसे जीवित छोड़ दिया गया। मणि छिन जाने से अश्वत्थामा का संपूर्ण तेज समाप्त हो गया और वह वहाँ से सिर झुकाकर चला गया।

अश्वत्थामा को अमरता का वरदान प्राप्त है। मान्यता है कि आज भी वह जीवित है और उसके मस्तक से रक्त निकल रहा है।

युद्ध समाप्त हो चुका था। पांडव कुंती, गांधारी, धृतराष्ट्र, विदुर, द्रौपदी तथा श्रीकृष्ण आदि बंधु-बांधवों को लेकर गंगा-तट पर गए और युद्ध में मारे गए संबंधियों का श्राद्ध-तर्पण करने लगे।

कुंती ने ब्राह्मणों को कर्ण के नाम का भी श्राद्ध करने को कहा। युधिष्ठिर आश्चर्यचकित रह गए। उन्होंने माता से इसके बारे में पूछा। कुंती ने अश्रु बहाते हुए युधिष्ठिर को सारी बात बता दी।

'कर्ण पांडवों का बड़ा भाई था', यह बात युधिष्ठिर के लिए वज्राघात

के समान थी। वे माता से बोले, ''माते! यदि आप यह सत्य पहले उजागर कर देतीं तो इतना विनाश न हुआ होता। भाई होकर हम अपने भाई के ही हत्यारे बन गए। इसलिए मैं संपूर्ण स्त्री जाति को शाप देता हूँ कि आज के बाद वे कोई भी बात छिपा नहीं सकेंगी।''

इसके बाद उन्होंने स्वयं कर्ण का श्राद्ध-तर्पण किया।

□

# यदुवंश को शाप

युद्ध में विजय प्राप्त करके पांडव हस्तिनापुर पहुँचे। विदुर ने भरे मन से उनका स्वागत किया और सम्मानपूर्वक धृतराष्ट्र के पास ले आए। श्रीकृष्ण भी उनके साथ थे। युधिष्ठिर ने सर्वप्रथम धृतराष्ट्र को प्रणाम किया। फिर गांधारी के पास जाकर उनके चरण छूने लगे। पुत्र के शोक में डूबी गांधारी क्रोध से भर उठी। उसके नेत्रों का तेज पट्टी में से होकर युधिष्ठिर के नखों पर पड़ा। इसके फलस्वरूप उनके लाल नख काले पड़ गए। उनके क्रोध को देखकर युधिष्ठिर भयभीत हो गए और उनके चरणों में गिरते हुए बोले, "माते! हमने घोर अपराध किया है। इसके लिए हम दंड के भागी हैं। परंतु माते! आप हमसे इस प्रकार रुष्ट न हों। हम आपके ही पुत्र हैं। आपकी घृणा और क्रोध हमारे लिए असहनीय हैं। कृपया क्रोध का त्यागकर हमें अपने आँचल में समेट लें।"

गांधारी फूट-फूटकर रो पड़ी। उसने युधिष्ठिर सहित सभी पांडवों को गले से लगा लिया। कुछ देर बाद संयत होकर वह श्रीकृष्ण से बोली, ''केशव! राज्य, नारी और शक्ति को लेकर सदियों से भाइयों में कलह होती रही है। इसने हमारे परिवार को भी नहीं छोड़ा। आज पांडव और कौरव पूरी तरह से नष्ट हो गए हैं। इनकी कलह ने संपूर्ण वंश को जला डाला है। कृष्ण! तुम इसे रोकने में समर्थ थे। तुम चाहते तो यह विनाश टल सकता था। किंतु तुमने सदा इस आग में घी डालने का कार्य किया। जब-जब पांडवों ने सुलह की बात चलाई, तुमने उन्हें युद्ध के लिए प्रेरित किया। एक प्रकार से तुम ही इस विनाश के कर्ता-धर्ता हो। इसलिए मैं तुम्हें शाप देती हूँ, जिस प्रकार कौरव और पांडव परस्पर कलह से नष्ट हुए हैं, उसी प्रकार तुम्हारा वंश भी आपसी कलह से नष्ट हो जाएगा!''

श्रीकृष्ण ने गांधारी के शाप को ससम्मान स्वीकार कर लिया।

शुभ मुहूर्त देखकर वेदव्यासजी ने हस्तिनापुर के सिंहासन पर युधिष्ठिर का राज्याभिषेक कर दिया। युधिष्ठिर ने तीन अश्वमेध यज्ञ किए और ब्राह्मणों को भरपूर दान दिया। उनके राज्य में वैभव और समृद्धि की वर्षा होने लगी; चारों ओर धर्म का राज्य स्थापित हो गया। तदनंतर श्रीकृष्ण द्वारका लौट गए।

एक दिन देवर्षि नारद द्वारका पधारे और श्रीकृष्ण से बोले, ''भगवन्! कंस, जरासंध, दुर्योधन इत्यादि पापियों के नाश के साथ आपके अवतार लेने का प्रयोजन पूर्ण हो चुका है। पृथ्वी पापियों से रिक्त हो चुकी है। सभी देवगण बड़ी उत्सुकता से आपके लौटने की प्रतीक्षा कर रहे हैं।''

श्रीकृष्ण बोले, ''देवर्षि! गांधारी ने जो शाप दिया है, उसके फलस्वरूप शीघ्र ही अहंकारी यदुवंशियों का विनाश हो जाएगा और तब मैं यह शरीर त्याग दूँगा।''

कुछ दिनों बाद श्रीकृष्ण यदुवंशियों को साथ लेकर प्रभासक्षेत्र नामक स्थान पर गए। वहाँ मदिरा के मद में चूर होकर वे परस्पर लड़ने लगे। देखते-ही-देखते उन्होंने एक-दूसरे का वध कर डाला। बलराम समझ गए थे कि भगवान् श्रीकृष्ण के वैकुंठ-गमन का समय आ गया है। इसलिए सर्वप्रथम वे

शरीर त्यागकर विष्णुलोक चले गए।

श्रीकृष्ण एक वृक्ष के नीचे जाकर लेट गए। ब्रह्माजी के विधान के अनुसार इस वृक्ष के नीचे उनकी मृत्यु लिखी हुई थी। सहसा एक विषैला बाण उनके पैर के तलुए में आकर लगा। एक शिकारी ने उनके लाल तलुए को मृग का मुख समझ लिया था। वह श्रीकृष्ण के चरणों में गिरकर क्षमा माँगने लगा। श्रीकृष्ण ने उसे क्षमा कर मोक्ष प्रदान किया और शरीर त्यागकर वैकुंठ लोक चले गए।

इस प्रकार भगवान् विष्णु के श्रीकृष्णावतार का समापन हुआ।

□

# पांडवों का स्वर्गारोहण

दुर्योधन की मृत्यु के बाद से ही धृतराष्ट्र का मन सांसारिकता से उचाट हो गया था। इसलिए उन्होंने राजपाट युधिष्ठिर को सौंप दिया था। एक दिन गांधारी द्वारा प्रेरित किए जाने पर उन्होंने वन में जाने का निश्चय कर लिया। युधिष्ठिर ने उन्हें रोकने का बहुत प्रयास किया, परंतु विफल रहे।

वे निकट के वन में रहते हुए प्रभु-भक्ति करने लगे। इस प्रकार कई वर्ष बीत गए। एक दिन वन में आग लग गई और वे अग्नि की भेंट चढ़ गए। उनके वियोग में कुंती, विदुर और पांडव शोकग्रस्त रहने लगे।

ऐसी स्थिति में उन्हें श्रीकृष्ण की याद आई। कई दिनों से उनका कोई समाचार नहीं मिला था। अतः युधिष्ठिर ने उनकी खोज-खबर लेने के लिए अर्जुन को द्वारका भेजा। वे जैसे ही द्वारका पहुँचे, वहाँ फैले मातम को देखकर विस्मित रह गए। पूरी द्वारका सूनी पड़ी थी। उसका समस्त वैभव नष्ट हो चुका था। अनहोनी की आशंका से वे काँप उठे और शीघ्रता से महल में पहुँचे। वहाँ

उनकी भेंट श्रीकृष्ण की रानियों से हुई।

उन्होंने अर्जुन को यदुवंशियों के विनाश और श्रीकृष्ण के परलोक-गमन की सारी घटना सुनाई। अर्जुन पर जैसे वज्राघात हुआ। उनके सखा, बंधु, रक्षक भगवान् श्रीकृष्ण शरीर त्याग चुके हैं, यह सुनकर वे बेसुध-से हो गए।

तभी एक आकाशवाणी हुई–''अर्जुन! शीघ्र ही समुद्र इस स्थान को डुबो देगा। तुम शेष यदुवंशियों को साथ लेकर हस्तिनापुर चले जाओ।''

अर्जुन उसी दिन सबको साथ लेकर हस्तिनापुर चल दिए।

मार्ग में कुछ डाकुओं ने उनपर आक्रमण कर दिया। अर्जुन ने उनका जमकर मुकाबला किया। परंतु जिस गांडीव से निकले बाणों ने अनेक महारथियों को परास्त कर डाला था, श्रीकृष्ण के बिना वे साधारण डाकुओं के समक्ष भी प्रभावहीन हो गए। डाकुओं ने उनकी सारी धन-संपदा लूट ली।

हस्तिनापुर पहुँचकर अर्जुन ने युधिष्ठिर को सारी घटना बताई। वे दुःखी होकर बोले, ''एक-एक कर सभी हमें छोड़कर चले गए। एक श्रीकृष्ण का सहारा था, काल ने उन्हें भी हमसे छीन लिया। अब यह जीवन निरर्थक प्रतीत होने लगा है।''

श्रीकृष्ण के गमन की बात सुनकर कुंती ने विरक्त होकर स्वयं को भगवान् श्रीकृष्ण में लीन कर लिया। तदनंतर पांडवों ने सबकुछ त्यागकर हिमालय पर जाने का निश्चय कर लिया। उन्होंने अभिमन्यु-पुत्र परीक्षित को हस्तिनापुर का तथा श्रीकृष्ण के पौत्र एवं अनिरुद्ध-पुत्र वज्र को मथुरा का राज्य सौंपा और द्रौपदी को साथ लेकर हिमालय की ओर चल दिए। वहाँ एक-एक कर उन्होंने प्राण त्याग दिए और श्रीकृष्ण-भाव में लीन हो गए।

□

# परीक्षित् और कलियुग

युधिष्ठिर की भाँति परीक्षित् भी एक धर्मप्रिय, तेजस्वी और नीतिवान् राजा थे। उनका विवाह राजा उत्तर की पुत्री राजकुमारी इरावती के साथ हुआ। विवाह उपरांत इरावती ने जनमेजय सहित चार पुत्रों को जन्म दिया। परीक्षित् समस्त ऐश्वर्य भोगते हुए धर्मानुसार शासन कर रहे थे।

श्रीकृष्ण के शरीर त्यागने के साथ ही द्वापर का अंत और कलियुग का आगमन हो गया था। किंतु परीक्षित् के भय से कलियुग पूर्ण रूप से प्रभावी नहीं था। लेकिन उसके अंश मात्र प्रभाव से ही पृथ्वी पर बड़ी-बड़ी घटनाएँ होने लगी थीं। लोगों में परस्पर वैमनस्य बढ़ने लगा, चारों ओर ईर्ष्या और द्वेष का साम्राज्य स्थापित हो गया, पाप और दुराचार पुनः बढ़ने लगे।

एक दिन राजा परीक्षित् भ्रमण करते हुए नदी-तट की ओर निकल आए। वहाँ उन्होंने एक शूद्र को देखा, जो डंडे से एक निर्बल बैल और गाय को बुरी तरह से पीट रहा था। बैल एक पैर पर खड़ा हुआ था, जबकि गाय उसके निकट

गिरी हुई थी। परीक्षित् तेजी से शूद्र की ओर लपके और उसके हाथ से डंडा छीन लिया। तदनंतर क्रुद्ध होकर बोले, ''दुष्ट! तू कौन है? और इन निर्दोष प्राणियों को क्यों मार रहा है? शीघ्र बता, अन्यथा मैं तेरा वध कर दूँगा!''

तभी एक आकाशवाणी हुई–''राजन्! ये बैल के रूप में धर्म और गाय के रूप में पृथ्वी हैं। पवित्रता, सत्य, दया और तप–धर्म के चार चरण थे। किंतु कलियुग के आगमन से इनके तीन चरण अदृश्य हो गए हैं। अब ये केवल सत्य रूपी चरण पर टिके हुए हैं। इन्हें मारनेवाला शूद्र वास्तव में कलियुग है। इसके आगमन से पाप बढ़ जाएँगे और उनका बोझ पृथ्वी को उठाना पड़ेगा। चूँकि कलियुग इनसे अधिक शक्तिशाली है, इसलिए ये उसकी प्रताड़ना झेल रहे हैं। हे राजन्! अब आप ही इनका उद्धार करें।''

आकाशवाणी सुनकर परीक्षित् ने तलवार निकाल ली और कलियुग को मारने के लिए उद्यत हो गए। अपने प्राण संकट में देखकर कलियुग उनकी शरण में गया और स्तुति करते हुए बोला, ''हे राजन्! आपके समान तपस्वी और पराक्रमी इस संसार में दूसरा कोई नहीं है। मैं अपने अपराध की क्षमा माँगता हूँ।''

परम दयालु परीक्षित् विनम्र स्वर में बोले, ''कलियुग! शरणागत की रक्षा करना मेरा कर्तव्य है। लेकिन तुम धर्म का नाश करनेवाले हो। इसलिए मैं तुम्हें अपने राज्य में प्रवेश नहीं करने दूँगा। तुम इसी समय मेरे राज्य की सीमाओं से दूर चले जाओ।''

कुटिल कलियुग बात बनाते हुए बोला, ''राजन्! यह संपूर्ण पृथ्वी आपका राज्य है। इसकी सीमाओं से मैं कैसे दूर जा सकता हूँ? प्रत्येक ओर आप ही मुझे दृष्टिगोचर होंगे। इसलिए हे राजन! मेरे रहने के लिए आप ही कोई स्थान निश्चित कर दें। मैं वचन देता हूँ, आपके द्वारा निर्धारित स्थान में ही वास करूँगा।''

परीक्षित् बोले, ''हे कलियुग! तुम्हारे रहने के लिए मैं पाँच स्थान निर्धारित करता हूँ। मद्यपान, स्त्री-प्रसंग, हिंसा, द्यूत और स्वर्ण–इन स्थानों पर केवल तुम्हारा वास रहेगा।''

कलियुग इसी समय की प्रतीक्षा कर रहा था। वह शीघ्रता से परीक्षित् के स्वर्ण-मुकुट में प्रविष्ट हो गया और उनकी बुद्धि को भ्रमित कर दिया। ☐

# परीक्षित् को शाप

कलियुग ने राजा परीक्षित को अपने प्रभाव में ले लिया था। परंतु वह जानता था कि जिस दिन वे उसके प्रभाव से मुक्त हो गए, उसे बचानेवाला कोई नहीं होगा। अतएव परीक्षित् को समाप्त करना उसके लिए आवश्यक था। किंतु परम तपस्वी परीक्षित् को समाप्त करना कलियुग के वश की बात नहीं थी। इसलिए उसने अपनी कुटिल बुद्धि का सहारा लिया।

एक बार राजा परीक्षित् शिकार खेलने वन में गए। वहाँ एक मृग का पीछा करते हुए वे दूर निकल गए। भूख-प्यास से वे बेहाल हो रहे थे। निकट ही उन्हें एक आश्रम दिखाई दिया। वह शमीक ऋषि का आश्रम था। उस समय शमीक ऋषि समाधि में लीन थे। परीक्षित् ने उनके पास जाकर जल पिलाने की प्रार्थना की। परंतु समाधि की गहराई में डूबे शमीक उनकी बात सुन न सके। उन्होंने पुनः जल की माँग की, परंतु ऋषि पर कोई प्रभाव नहीं हुआ। परीक्षित्

ने इसे अपना अपमान समझा। उनका रोम-रोम क्रोध से जल उठा।

कलियुग के प्रभाव के कारण उनके सोचने-विचारने की शक्ति कुंठित हो गई। अतएव उन्होंने निकट पड़े एक मृत सर्प को उठाया और ऋषि के गले में डालकर हँसते हुए लौट गए।

शमीक ऋषि के श्रृंगी नामक एक बड़े तेजस्वी और तपस्वी पुत्र थे। उस समय वे स्नान करने गए थे। लौटने पर उन्होंने पिता के गले में मृत सर्प पड़ा देखा तो आश्चर्यचकित रह गए। उन्होंने आँखें बंद कर वास्तविकता जानने का प्रयास किया। परीक्षित् के आश्रम में आने और पिता के गले में सर्प डालने की संपूर्ण घटना उनके मस्तिष्क में कौंध गई। पिता के इस अपमान से वे क्रोधित होकर बोले, ''भगवान् ने क्षत्रियों को ब्राह्मणों की रक्षा और प्रजा के पालन-पोषण के लिए नियुक्त किया है। किंतु मद में चूर होकर ये अपने कर्तव्यों को भूलने लगे हैं। निस्संदेह यह उद्दंडता उनके विनाश का कारण बनेगी। श्रीकृष्ण के परलोक गमन से राजाओं का दु:साहस बढ़ गया है। लेकिन इन्हें दंडित करना आवश्यक है। मैं अपने संपूर्ण तप को एकत्रित कर राजा परीक्षित् को शाप देता हूँ, आज से ठीक सातवें दिन तक्षक नाग के काटने से उनकी मृत्यु हो जाएगी।''

तभी शमीक ऋषि ने आँखें खोल दीं। उन्हें सारी घटना के बारे में पता चला तो वे व्यथित होकर बोले, ''वत्स! यह तुमने क्या अनर्थ कर डाला? परीक्षित् बड़े धर्मात्मा, तपस्वी और नीतिवान् राजा हैं। उन्होंने जो किया, वस्तुतः कलियुग के प्रभाव के कारण किया। उनकी मनशा मेरा अपमान करने की नहीं थी। तुमने व्यर्थ में ही एक निर्दोष को शाप दे दिया।''

शमीक ऋषि पुत्र के कृत्य से व्यथित थे, किंतु अब उसके शाप को लौटाया नहीं जा सकता था।

□

# विष और मंत्र

परीक्षित् को शाप की बात ज्ञात हो गई थी। उन्हें अपने किए पर पहले से ही पश्चात्ताप हो रहा था। वे सभी राजसी सुख त्यागकर भगवान् श्रीकृष्ण की आराधना करने लगे। उन्हीं दिनों हस्तिनापुर में शुकदेव ऋषि का आगमन हुआ। वे उन्हें मोक्ष का मार्ग बताते हुए बोले, ''राजन्! संसार में श्रीकृष्ण की लीलाओं का श्रवण, चिंतन और मनन ही मोक्ष का एकमात्र उपाय है। श्रीमद्भागवत के समान पुण्यमय ग्रंथ दूसरा कोई नहीं है। कलियुग में इसके श्रवण मात्र से ही समस्त पापों का नाश हो जाता है। इसलिए आप इसका श्रवण करें।''

परीक्षित् उनसे प्रार्थना करते हुए बोले, ''मुनिवर! श्रीमद्भागवत के मर्म को आपसे अधिक कौन जान सकता है? मेरे लिए आप इसका पठन करने की कृपा करें। आपके श्रीमुख से निकले भागवत के श्लोक मेरे पापों को नष्ट कर देंगे।''

शुकदेवजी ने उनकी प्रार्थना स्वीकार कर ली और उन्हें श्रीमद्भागवत की कथा सुनाने लगे। उन्होंने सात दिनों में संपूर्ण भागवत व्याख्या सहित सुना दी। इसके श्रवण से परीक्षित् का मन शांत हो गया। तदनंतर चिंतन द्वारा उन्होंने स्वयं को श्रीकृष्ण के चरणों में ध्यानमग्न कर लिया।

आठवें दिन ऋषिकुमार के शाप को पूर्ण करने के लिए तक्षक नाग वृद्ध ब्राह्मण का वेश धारण करके हस्तिनापुर की ओर चल दिया। मार्ग में तक्षक को एक ब्राह्मण दिखाई दिया, जो बड़ी तेजी से हस्तिनापुर की ओर जा रहा था। तक्षक ने उसका परिचय पूछा तो ब्राह्मण बोला, ''मेरा नाम कश्यप है, मैं निकट के गाँव में रहता हूँ। मैंने सुना है कि तक्षक नाग के डसने से राजा परीक्षित् की मृत्यु हो जाएगी। मैं सर्प-मंत्रों और विष उतारने की विद्या से भली-भाँति परिचित हूँ। यदि ईश्वर ने चाहा तो मैं उन्हें पुनः जीवित कर दूँगा और वे मुझे मनोवांछित धन प्रदान करेंगे।''

तक्षक सकपकाकर रह गया। फिर हँसते हुए बोला, ''युवक! तुम अवश्य परिहास कर रहे हो। तक्षक बहुत विषैला नाग है। उसका विष अग्नि के समान रक्त को जलाकर भस्म कर देता है। उसका काटा पानी नहीं माँगता। ऐसे विषैले नाग का विष तुम मंत्रों द्वारा किस प्रकार उतारोगे? मेरा परामर्श मानो और वापस लौट जाओ।''

कश्यप दृढ़ स्वर में बोला, ''मेरे मंत्र-बल की शक्ति नागराज वासुकि के विष को भी नष्ट कर सकती है। तुम देखना, मैं विष उतारकर परीक्षित् को कैसे पुनः जीवित करता हूँ।''

तब तक्षक ने एक वृक्ष को जलाकर भस्म कर दिया और कश्यप से अपना मंत्र-बल दिखाने को कहा। कुछ देर तक आँखें बंद करके कश्यप एक मंत्र बुदबुदाता रहा। तदनंतर उसने कमंडलु से जल निकालकर वृक्ष की ओर फेंका। देखते-ही-देखते वृक्ष पुनः हरा-भरा हो गया।

कश्यप के मंत्र-बल से तक्षक बड़ा प्रभावित हुआ और अपना वास्तविक परिचय देते हुए बोला, ''ब्राह्मणदेव! मैं ही तक्षक नाग हूँ, जो आज राजा परीक्षित् को डस लूँगा। कश्यप! विधि के विधान के अनुसार उनकी इतनी ही

आयु शेष है। आप सृष्टि के नियमों में बाधा न बनें। आपको जितने धन की आवश्यकता है, मैं देने को तैयार हूँ। परंतु आप वापस लौट जाएँ।''

कश्यप ने उसकी प्रार्थना स्वीकार कर ली और मनोवांछित धन लेकर अपने गाँव लौट गए।

□

# परीक्षित् की मृत्यु

श्रीमद्भागवत के श्रवण से राजा परीक्षित् के सारे संदेह दूर हो गए। उन्हें जीवन निरर्थक लगने लगा था। वे मृत्यु का वरण करने के लिए पूर्णतः तैयार हो गए।

परंतु परीक्षित् के मंत्रिगण ने उनकी सुरक्षा की पूरी व्यवस्था कर दी। महल के चारों ओर सैनिकों का कठोर पहरा था। इसके अतिरिक्त अनेक मांत्रिकों को नियुक्त किया गया था। किसी भी अनजाने व्यक्ति को महल में जाने की अनुमति नहीं थी।

इतने कड़े सुरक्षा प्रबंध देखकर तक्षक आश्चर्यचकित रह गया। वह महल में प्रवेश करने का उपाय सोचने लगा। कुछ देर के बाद उसके होंठों पर मुसकान उभर आई। उसने अंदर जाने का उपाय सोच लिया था। उसके संकेत पर वहाँ अनेक सर्प उपस्थित हो गए। उन्होंने ब्राह्मण-वेश धारण कर लिया।

तक्षक ने उन्हें एक सेब दिया और स्वयं एक कीड़ा बनकर उसमें छिप गया।

ब्राह्मण-वेशधारी सर्प द्वार पर पहुँचे और द्वारपालों से विनती करते हुए बोले, ''हम राजा परीक्षित् को बचाने के लिए हिमालय से चलकर आए हैं। हमारा उनसे मिलना अत्यंत आवश्यक है। कृपया आप हमें उनके पास ले चलें। हमारे पास एक दिव्य फल है, जिसके सेवन से तक्षक नाग का विष प्रभावहीन हो जाएगा। आप राजा को हमारे बारे में सूचित कर दें।''

द्वारपालों को सख्त आदेश था कि वे किसी को भी भीतर न जाने दें। अतः वे विवश होकर बोले, ''ऋषिवरो! राजा परीक्षित् आज किसी से भी नहीं मिलेंगे। इसलिए उनसे मिलने का विचार त्याग दें। यदि भेंट आवश्यक है तो आप कल आने का कष्ट करें।''

ब्राह्मण उन्हें फल देते हुए बोले, ''ठीक है, हम कल उनके दर्शनों के लिए आ जाएँगे। परंतु आप यह दिव्य फल उन तक अवश्य पहुँचा दें। इसका सेवन समस्त बाधाओं से उनकी रक्षा करेगा।''

द्वारपालों ने फल ले जाकर परीक्षित् को दे दिया। उन्होंने जैसे ही खाने

के लिए फल को काटा, उसमें से कीड़ा बना तक्षक नाग निकल आया। बाहर निकलते ही उसने वास्तविक स्वरूप धारण कर लिया। सैनिक उसकी ओर लपके, परंतु परीक्षित् ने हाथ जोड़कर स्वयं को उसके सामने कर दिया। तत्पश्चात् तक्षक ने परीक्षित् को जकड़कर उसे डस लिया। पल भर में ही वे आत्मारूप होकर श्रीकृष्ण में लीन हो गए।

परीक्षित् की मृत्यु के बाद उनके पुत्र जनमेजय हस्तिनापुर के सिंहासन पर आरूढ़ हुए। तक्षक नाग से प्रतिशोध लेने के लिए उन्होंने उत्तंक ऋषि की आज्ञा से सर्प-यज्ञ प्रारंभ किया। मंत्रोच्चारण के फलस्वरूप यज्ञाग्नि में सर्प आकर भस्म होने लगे। तक्षक भी सर्प-यज्ञ की ओर खिंचने लगा। तब उसकी प्रार्थना पर आस्तीक ऋषि जनमेजय के पास गए और समझा-बुझाकर यज्ञ रुकवा दिया।

इस प्रकार सर्प-जाति का विनाश रुक गया।